校企合作财经商贸专业精品教材

财经法规与会计职业道德

主编　郭　燕

镇　江

内 容 提 要

本书主要介绍了财经法规与会计职业道德相关的知识。全书共分 5 章，具体内容包括：会计法律制度和会计工作管理体制，支付结算法律制度，税收法律制度，违反财经法规的法律责任，会计职业道德。

本书可作为财经、商贸、营销类专业相关课程的教学用书，也可作为会计从业人员的培训教材。

图书在版编目（CIP）数据

财经法规与会计职业道德 / 郭燕主编. -- 镇江 : 江苏大学出版社，2013.8（2024.5 重印）

ISBN 978-7-81130-528-9

Ⅰ. ①财… Ⅱ. ①郭… Ⅲ. ①财政法－中国－教材②经济法－中国－教材③会计人员－职业道德－中国－教材 Ⅳ. ①D922.2②F233

中国版本图书馆 CIP 数据核字(2013)第 174494 号

财经法规与会计职业道德
Caijing Fagui yu Kuaiji Zhiye Daode

主　　编 / 郭　燕
责任编辑 / 米小鸽
出版发行 / 江苏大学出版社
地　　址 / 江苏省镇江市京口区学府路 301 号（邮编：212013）
电　　话 / 0511-84446464（传真）
网　　址 / http://press.ujs.edu.cn
排　　版 / 河北鹏润印刷有限公司
印　　刷 / 河北鹏润印刷有限公司
开　　本 / 787 mm×1 092 mm　1/16
印　　张 / 12
字　　数 / 270 千字
版　　次 / 2013 年 8 月第 1 版
印　　次 / 2024 年 5 月第 9 次印刷
书　　号 / ISBN 978-7-81130-528-9
定　　价 / 35.80 元

如有印装质量问题请与本社营销部联系（电话：0511-84440882）

编者的话

《财经法规与会计职业道德》作为会计类专业学生的必修专业课，是一门应用性和规范性较强的专业课程，我们以“体现职业特点、着眼能力培养、精简教学内容、提高学生学习兴趣”为原则，编写了《财经法规与会计职业道德》这本书。

《财经法规与会计职业道德》应随着我国税收制度和会计准则的不断改革而及时更新与发展。所以，我们根据《中华人民共和国会计法》《会计基础工作规范》《中华人民共和国税收征收管理法》等法规的最新规定，以及增值税、消费税、企业所得税和个人所得税等税收法律制度的精神，全面修订了此书。

本书在编写过程中侧重实践，注重法律规定与实际运用之间的联系，从而突出了对学生分析问题、解决问题能力的培养，同时能满足会计人员掌握财经法律法规、提高职业道德水平的需要。

具体而言，本教材的主要特色如下：

（1）重点突出，讲解透彻。本书充分考虑了中职生及会计初学者的实际情况，所以尽可能用通俗、简明的语言将会计专业的特点描述出来，条理清晰、内容精炼、重点突出，能使学生深入浅出地理解和掌握财经法规与会计职业道德的相关知识。

（2）更新及时，紧跟时代。本书在编写过程中严格按照最新的相关法律法规进行编写，充分吸收了新法规、新制度的相关内容，重点涉及会计法、增值税新税率、新个人所得税等相关改革。

（3）体例丰富，实用性强。本书在讲解知识的同时配有大量案例，并设有知识链接、拓展阅读、提示等体例，便于学生理解、掌握所学知识。每章内容之前都明确了学习目标，使学生在学习之前明确每章的能力点和知识点，在学习中有的放矢。同时，各章附有大量练习题，有利于学生进行自我检测。

（4）图文并茂，可读性强。本书行文流畅，并配有大量的图表，图文并茂，简单有趣，符合中职生的认知规律，十分有益于启迪学生思维。

（5）数字资源，平台辅助。本书为广大师生提供了一站式教学资源，读者可以登录文旌综合教育平台“文旌课堂”（www.wenjingketang.com）体验平台式教学及下载相关教学资源包。

此外，本书还提供了在线题库，支持“教学作业，一键发布”，教师只需通过微信或“文旌课堂”App 扫描扉页二维码，即可迅速选题、一键发布、智能批改，并查看学生的作业分析报告，提高教学效率、提升教学体验。学生可在线完成作业，巩固所学知识，提高学习效率。

为学习贯彻党的二十大精神，提升课程铸魂育人效果，本书专门在扉页“教·学资源”二维码中设计了相应栏目，以引导学生践行社会主义核心价值观，涵养学生奋斗精神、敬业精神、奉献精神、创新精神、工匠精神、法治精神、绿色环保意识等。

在编写本书的过程中，我们力求做到行文流畅、简洁明快、易读易记。我们衷心希望本书能够提高学生的学习兴趣，提升学习效率，从而帮助其掌握财经法规与会计职业道德知识。

本书由郭燕担任主编。在编写过程中，编者参考了大量的文献资料，未能一一列明来源，在此向这些作者表示诚挚的谢意。由于编者水平有限，书中难免存在疏漏与不当之处，敬请广大读者批评指正。

目　　录

第一章　会计法律制度和会计工作管理体制

【引　言】

会计法律制度是指国家权力机关和行政机关制定的各种关于会计工作的规范性文件的总称。

会计工作管理体制是指国家管理会计工作的组织形式和基本制度，包括管理机构的设置、职责范围的确定和管理职权的划分。它是国家会计法律、法规、规章、制度和方针、政策得以贯彻落实的组织保障和制度保障。本章我们就会计法律制度、会计工作管理体制、会计机构、会计人员管理、会计核算、会计监督等知识进行学习。

【学习目标】

◎ 熟悉会计法律制度的概念和基本构成。
◎ 了解会计工作管理体制的相关知识，如会计工作的行政管理、自律管理和单位会计工作管理。
◎ 了解会计机构设置的基本要求，理解单位负责人对会计工作的法律责任。
◎ 了解会计人员管理的相关知识，如会计人员与会计岗位的有关规定、会计人员继续教育的对象和内容等。
◎ 了解会计核算的相关知识，如会计核算的基本原则、会计核算的内容、会计凭证的填制与审核、会计账簿的登记、财务会计报告的编制、会计档案的管理等。
◎ 了解会计监督的相关知识，如单位内部会计监督、会计工作的行政监督和社会监督的主体、对象和内容等。

第一节　会计法律制度

会计是一项严谨的工作，从业人员必须遵循《中华人民共和国会计法》（简称《会计法》）及其他会计法律制度，以使会计工作有章可循。

一、会计法律制度的概念

会计法律制度是指国家权力机关和行政机关制定的各种关于会计工作的规范性文件的总称。

会计法律制度是调整会计关系的法律规范。会计关系是会计机构和会计人员在办理会计事务的过程中，以及国家在管理会计工作的过程中发生的经济关系。为了保证会计工作的有序进行，国家制定了一系列会计法律制度来调整和规范各种会计关系。

【例题 1-1·判断题】会计法律制度指的就是全国人大及其常委会制定的《会计法》。（ ）

【正确答案】错

【答案解析】会计法律制度指的是国家权力机关和行政机关制定的，用于调整会计关系的各种法律、法规、规章和规范性文件的总称，《会计法》是包含在里面的。

二、会计法律制度的构成

目前，我国基本形成了以《会计法》为主体的具有中国特色的比较完整的会计法律制度体系。它主要包括四个层次：会计法律、会计行政法规、国家统一的会计制度和地方性会计法规。它们的地位由上至下，如图 1-1 所示。

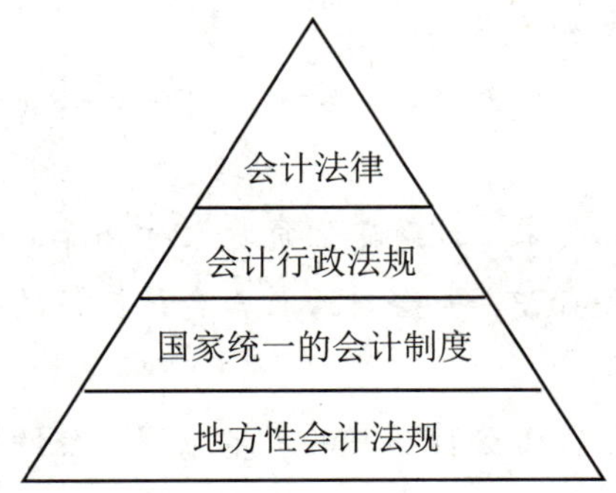

图 1-1 我国会计法律制度体系四个层次的地位关系图

（一）会计法律

会计法律是指由全国人民代表大会及其常务委员会经过一定立法程序制定的有关会计工作的法律。我国目前有两部会计法律。

一是 1985 年 1 月 21 日颁布并于 2017 年 11 月 4 日第十二届全国人民代表大会常务委员会第三十次会议审议修订的《会计法》，自 2017 年 11 月 5 日起施行。它是会计法律制度中层次最高的法律规范，是制定其他会计法规的依据，也是指导会计工作的最高准则。其内容具体包括：总则，会计核算，公司、企业会计核算的特别规定，会计监督，会计机构和会计人员，法律责任，附则。

二是 1993 年 10 月颁布并于 2014 年 8 月 31 日修正的《中华人民共和国注册会计师法》（简称《注册会计师法》）。它是我国中介行业的第一部法律，对注册会计师行业管理体制、注册会计师考试和注册、会计师事务所的组织形式、注册会计师和会计师事务所的业

务范围与法律责任等进行了系统规范，为注册会计师行业的发展提供了有力的法律保障。

（二）会计行政法规

会计行政法规是指由国务院制定发布，或者由国务院有关部门拟订，经国务院批准发布的，调整经济生活中某些方面会计关系的法律规范，其制定依据是《会计法》。例如，国务院1990年12月31日发布并于2011年1月8日修订的《总会计师条例》，国务院2000年6月21日发布的《企业财务会计报告条例》，国务院批准、财政部2006年2月15日发布并于2014年7月23日修改的《企业会计准则》等。会计行政法规通常以条例、规定等具体名称出现。

（三）国家统一的会计制度

国家统一的会计制度是指国务院财政部门根据《会计法》制定的关于会计核算、会计监督、会计机构和会计人员及会计工作管理的制度，包括会计部门规章和会计规范性文件。

（1）会计部门规章是指根据《中华人民共和国立法法》规定的程序，由财政部门制定，并由部门首长签署命令予以公布的制度、办法。例如，2001年2月20日财政部第10号令发布的《财政部门实施会计监督办法》，2005年1月18日财政部第24号令发布的《会计师事务所审批和监督暂行办法》，2014年7月23日财政部第76号令发布的《企业会计准则——基本准则》等。

（2）会计规范性文件是指主管全国会计工作的行政部门，即国务院财政部门制定并发布的制度、办法。例如，财政部发布的《企业会计准则第1号——存货》《小企业会计制度》《会计基础工作规范》，以及财政部与国家档案局联合发布的《会计档案管理办法》等。

会计规范性文件的制定依据是会计法律、会计行政法规和会计部门规章。国家统一的会计制度通常以办法、准则、制度、规范等具体名称出现。

（四）地方性会计法规

地方性会计法规是指省、自治区、直辖市人民代表大会及其常务委员会在与会计法律、会计行政法规不抵触的前提下，根据本地区情况制定、发布的地方会计规范性文件。它是我国会计法律制度的重要组成部分，通常以××省（市）××办法的名称出现。

【例题1-2·单选题】下列选项中，属于会计法律的是（　　）。

A. 《会计法》　　B. 《总会计师条例》

C. 《会计基础工作规范》　　D. 《企业会计制度》

【正确答案】A

【答案解析】我国目前有两部会计法律，即《会计法》和《注册会计师法》。

【例题 1-3·判断题】地方性会计法规是指由省、自治区、直辖市人民政府在同宪法、会计法律、行政法规和国家统一的会计准则制度不相抵触的前提下，根据本地区情况制定发布的规范性文件。（　　）

【正确答案】错

【答案解析】地方性会计法规是指由省、自治区、直辖市人民代表大会或常务委员会在同宪法、会计法律、行政法规和国家统一的会计准则制度不相抵触的前提下，根据本地区情况制定发布的规范性文件。

第二节　会计工作管理体制

会计工作管理体制是指国家管理会计工作的组织形式和基本制度，包括管理机构的设置、职责范围的确定和管理职权的划分。它是国家会计法律、法规、规章、制度和方针、政策得以贯彻落实的组织保障和制度保障。

一、会计工作的行政管理

（一）会计工作行政管理的概念

《会计法》第 7 条规定：“国务院财政部门主管全国的会计工作。县级以上地方各级人民政府财政部门管理本行政区域内的会计工作。”

我国对会计工作实行的是“统一指导、分级管理”原则下的政府主导型管理体制。财政部作为全国会计工作的主管部门，对全国的会计工作进行统一指导，对地方的会计管理工作予以指导、监督；地方财政部门在财政部的统一指导下，做好本行政区域内的会计管理工作。

（二）会计工作行政管理的内容

会计工作行政管理的内容主要有如下四个方面。

1．会计准则、制度及相关标准、规范的制定和组织实施

《会计法》第 8 条规定：“国家实行统一的会计制度。国家统一的会计制度由国务院财政部门根据本法制定并公布。国务院有关部门可以依照本法和国家统一的会计制度制定对会计核算和会计监督有特殊要求的行业实施国家统一的会计制度的具体办法或者补充规定，报国务院财政部门审核批准。中国人民解放军原总后勤部可以依照本法和国家统一的会计制度制定军队实施国家统一的会计制度的具体办法，报国务院财政部门备案。”

会计准则、制度及相关标准、规范主要包括企事业单位会计准则和会计制度、企事业

单位内部控制规范和会计信息化标准等。

会计准则、制度及相关标准、规范的制定和组织实施是财政部门管理会计工作的一项最基本的职能。

2．会计市场管理

（1）会计市场准入管理。会计市场的准入管理是指财政部门对会计专业能力的取得、代理记账机构的设立、注册会计师资格的取得及会计师事务所的设立等进行的条件设定。

① 《会计法》规定，国务院财政部门主管全国的会计工作，县级以上地方各级人民政府财政部门管理本行政区域内的会计工作；会计人员应当具备从事会计工作所需要的专业能力，担任单位会计机构负责人（会计主管人员）的，应当具备会计师以上专业技术职务资格或者从事会计工作 3 年以上经历；会计人员应当遵守职业道德，提高业务素质。对会计人员的教育和培训工作应当加强。

② 注册会计师审计在经济活动中起鉴证作用，其目的是增强相关利益方对鉴证对象的信任程度。我国规定从事社会审计业务的人员必须具有注册会计师资格。我国实行注册会计师全国统一考试制度，考试成绩合格并从事审计业务工作两年以上的人员，才可以申请成为执业注册会计师。执业注册会计师执行业务必须加入会计师事务所。

③ 对于不具备设置会计机构和会计人员条件的单位应当委托代理记账机构办理会计业务。根据《代理记账管理办法》（2016）的规定，除会计师事务所以外的机构从事代理记账业务应当经县级以上地方人民政府财政部门（以下简称审批机关）批准，领取由财政部统一规定样式的代理记账许可证书，如图 1-2 所示。

图 1-2 代理记账许可证书

（2）市场运行过程的监管。获准进入会计市场后，这些机构和人员还应当持续符合相关的资格条件，并主动接受财政部门的监督检查；不符合时，原审批机关可以撤回行政许可。这些机构或人员在执业的过程中，还应当严格遵守各项法律法规，依据相关制度、准则、规则执行业务。

（3）会计市场退出管理。相关人员在执业的过程中若发生违反《会计法》《注册会计师法》行为的，财政部门有权对其进行处罚，情节严重的，可吊销其执业资格，强制其退出会计市场。

3．会计专业人才评价

会计专业人才是我国人才队伍的重要组成部分，也是我国经济建设的重要力量。目前我国已经基本形成阶梯式的会计专业人才评价机制，包括初级、中级、高级、正高级会计人才评价机制及会计行业领军人才培养评价体系等。我国对初级、中级会计师资格的评价主要通过实行全国统一的考试制度，对高级、正高级会计师资格的评价主要通过实行考试与评审相结合的制度。会计领军人才培养工作由财政部门负责组织；对先进会计工作者的表彰奖励也属于会计专业人才评价的范畴。

4．会计监督检查

会计监督检查包括会计信息质量检查、会计师事务所执业质量检查和会计行业自律组织的监督指导：

（1）《会计法》规定：财政部组织实施对全国的会计信息质量检查，并对违法行为实施行政处罚；县级以上财政部门组织实施本行政区域内的会计信息质量检查，并依法对本行政区域内单位或人员的违法会计行为实施行政处罚。

（2）《注册会计师法》规定：财政部组织实施全国会计师事务所的执业质量检查，并对违反《注册会计师法》的行为实施行政处罚；省、自治区、直辖市人民政府财政部门组织实施本行政区域内的会计师事务所执业质量检查，并依法对本行政区域内会计师事务所或注册会计师违反《注册会计师法》的行为实施行政处罚。

（3）财政部门对会计市场进行监管，还应依法加强对会计行业自律组织的监督、指导。我国会计行业的协会主要是中国注册会计师协会及省级注册会计师协会。学会主要指中国会计学会和地方会计学会，还有一部分分行业、分专业的会计学会。财政部和省、自治区、直辖市人民政府财政部门，依据《注册会计师法》对注册会计师协会进行监督、指导。中国会计学会接受财政部的业务指导、监督和管理，地方会计学会接受同级财政部门的业务指导、监督和管理。

【例题 1-4 · 判断题】县级以上人民政府财政部门，组织实施本行政区域内的会计师事务所执业质量检查工作。（　　）

【正确答案】错

【答案解析】省、自治区、直辖市人民政府财政部门，组织实施本行政区域内的会计师事务所执业质量检查工作。

【例题 1-5 · 简答题】除了财政部门主管会计工作外，还有哪些部门可以配合财政部门管理工作？

【答案解析】财政部门虽然是会计工作的主管部门，但并不排斥国家其他部门对会计工作的管理，如国家审计机关、证券监督机构、税务部门等。《会计法》第 33 条第 1 款规定：“财政、审计、税务、人民银行、证券监管、保险监管等部门应当依照有关法律、行政法规规定的职责，对有关单位的会计资料实施监督检查。”

二、会计工作的行业自律管理

行业自律管理是指行业性社会团体为促进行业的健康发展，根据会员的意愿，自行制定规则，并据此对行业内成员进行的管理活动。

会计工作的行业自律管理是行政管理的必要补充。我国会计行业的自律性社会团体主要有中国注册会计师协会和中国会计学会等。

（一）中国注册会计师协会

中国注册会计师协会是由注册会计师组成的社会团体，是注册会计师行业的全国组织，各省、自治区、直辖市注册会计师协会是注册会计师行业的地方组织。

中国注册会计师协会的主要职责是：

（1）审批和管理本会会员，指导地方注册会计师协会办理注册会计师注册。

（2）拟订注册会计师执业准则、规则，监督、检查实施情况。

（3）组织对注册会计师的任职资格、注册会计师和会计师事务所的执业情况进行年度检查。

（4）制定行业自律管理规范，对违反行业自律管理规范的行为予以惩戒。

（5）组织实施注册会计师全国统一考试。

（6）组织和推动会员培训工作。

（7）组织业务交流，开展理论研究，提供技术支持。

（8）开展注册会计师行业宣传。

（9）协调行业内、外部关系，支持会员依法执业，维护会员合法权益。

（10）代表中国注册会计师行业开展国际交往活动。

（11）指导地方注册会计师协会工作。

（12）办理法律、行政法规规定和国家机关委托或授权的其他有关工作。

（二）中国会计学会

中国会计学会是由全国会计领域各类专业组织及个人自愿结成的学术性、专业性、非营利性的社会组织。各省、自治区、直辖市会计学会和全国性专业会计学会可申请成为中国会计学会的会员。

中国会计学会的主要职责是：

（1）组织协调全国会计科研力量，开展会计理论研究和学术交流，促进科研成果的推广和运用。

（2）总结我国会计工作和会计教育经验，研究和推动会计专业的教育改革。

（3）编辑出版会计刊物、专著和资料。

（4）发挥学会的智力优势，开展多层次、多形式的智力服务工作，包括组织开展中高级会计人员培养、会计培训和会计咨询与服务等。

（5）开展会计领域国际学术交流与合作。

（6）发挥学会联系政府与会员的桥梁和纽带作用，接受政府和其他单位委托，组织开展有关工作。

（7）组织其他符合学会宗旨的业务活动。

【例题 1-6・分析题】出纳张费认为，中国注册会计师协会与中国会计学会都是在财政部领导下针对会计人员的社会组织，所以只要是会计人员都可以申请加入。请分析张费的观点是否正确。

【答案解析】张费的观点不正确。中国注册会计师协会是注册会计师的行业组织，只有具备注册会计师的资格才有可能加入，并不是所有的会计人员都能加入。

三、单位内部的会计管理

（一）单位负责人的职责

《会计法》第 4 条规定："单位负责人对本单位的会计工作和会计资料的真实性、完整性负责。"这一规定明确了单位负责人是本单位会计行为的责任主体。

单位负责人是指单位法定代表人或者法律、行政法规规定代表单位行使职权的主要负责人。它主要包括两类人员：一是单位的法定代表人（也称法人代表），是指依法代表法人单位行使职权的负责人，如公司制企业的董事长、国有企业的厂长（经理）、国家机关的最高行政长官等；二是依法代表非法人单位行使职权的负责人，如代表合伙企业执行合伙企业事务的合伙人、个人独资企业的投资人。

我国《会计法》规定，单位负责人负责单位内部的会计工作管理，应当保证会计机构、会计人员依法履行职责，不得授意、指使、强令会计机构和会计人员违法办理会计事项，并对本单位的会计工作和会计资料的真实性、完整性负责。

【例题 1-7・分析题】胜洁公司是一家外商投资公司。2019 年 1 月，市财政局对该公司的会计工作情况进行了检查，公司董事长吴某正在外地出差，公司总经理邓某认为自己不是单位负责人，公司又是外资企业，不受《会计法》的约束。邓某的观点是否正确？

【答案解析】邓某对单位负责人的理解是正确的，单位负责人是公司董事长。但是，外资企业也是中国企业，企业无权拒绝财政部门对其会计工作的监督、检查。

单位负责人的下列违法行为应当承担相应的法律责任：

（1）授意、指使、强令会计机构、会计人员及其他人员伪造、变造会计凭证、会计账簿，编制虚假财务会计报告或者隐匿、故意销毁依法应当保存的会计凭证、会计账簿、财务会计报告，构成犯罪的，依法追究刑事责任；尚不构成犯罪的，可以处 5 000 元以上 5 万元以下的罚款；属于国家工作人员的，还应当由其所在单位或者有关单位依法给予降级、撤职、开除的行政处分。

（2）单位负责人对依法履行职责、抵制违反《会计法》规定行为的会计人员以降级、撤职、调离工作岗位、解聘或者开除等方式实行打击报复，构成犯罪的，依法追究刑事责任；尚不构成犯罪的，由其所在单位或者有关单位依法给予行政处分。对受打击报复的会计人员，应当恢复其名誉和原有职务、级别。

（二）会计机构的设置

各单位应当根据会计业务的需要，设置会计机构，或者在有关机构中设置会计人员并指定会计主管人员；不具备设置条件的，应当委托经批准设立从事会计代理记账业务的中介机构代理记账。

各单位是否需要设置会计机构，应当根据单位会计业务的需要来决定。一个单位是否需要单独设置会计机构取决于单位规模的大小、经营业务和财务收支的繁简，以及经营管理的需要等因素。

（三）会计人员的选拔任用

根据《会计法》的规定，会计机构和会计人员的基本职责是进行会计核算，实行会计监督。这些职责的履行需要单位负责人、单位的其他人和其他单位的有关人员的支持与配合。此外，会计人员隶属于所在单位，对于会计人员的任免、轮岗、提拔和调用都由所在单位负责。对于认真执行会计法律制度、忠于职守、坚持原则、做出显著成绩的会计人员，所在单位应给予精神的或者物质的奖励。

单位选拔任用的会计人员应当具备从事会计工作所需要的专业能力。担任总会计师，应当取得会计师任职资格后，主管一个单位或者单位内一个重要方面的财务会计工作时间不少于 3 年。国有大、中型企业或者国有资产占主导或控制地位的大中型企业必须设置总会计师。凡设置总会计师的单位，不应再设置与总会计师职责重叠的行政副职。

（四）会计人员回避制度

回避制度是指为了保证执法或者执业的公正性，对可能影响其公正执法或者执业的人员实行职务回避和业务回避的一种制度。

《会计基础工作规范》规定："国家机关、国有企业、事业单位任用会计人员应当实行回避制度。单位领导人的直系亲属不得担任本单位的会计机构负责人、会计主管人员。会计机构负责人、会计主管人员的直系亲属不得在本单位会计机构中担任出纳工作。"

需要回避的直系亲属包括夫妻关系、直系血亲关系（父母、子女、祖父母、外祖父母和孙子女、外孙子女）、三代以内旁系血亲（兄弟姐妹、叔侄等）及近姻亲关系（岳父岳母和女婿、公婆和儿媳等）。

【例题 1-8 • 分析题】王海毕业于H大学中文系，毕业后一直在A国有企业办公室从事管理工作。到2018年1月，A国有企业决定任命王海担任本单位财务科科长。2018年10月，王海因身体不适辞去财务科科长的职务，经领导班子集体决定，改由厂长刘涛的妻子钱美担任本单位的财务科科长。经查，钱美具有多年从事会计工作的经历，并且具备会计师职称。根据上述情况，A企业任命王海、钱美担任财务科长的行为是否符合我国《会计法》的规定？

【答案解析】（1）A企业不能任命王海担任本单位会计机构负责人。我国《会计法》规定，担任会计机构负责人的，应当具备会计师以上专业技术职务资格或从事会计工作3年以上的经历。但是王海毕业后一直从事的不是会计工作，没有3年以上的会计工作经历，因此，不符合担任会计机构负责人的条件。

（2）A企业不能任命厂长刘涛的妻子钱美调入本单位的财务科科长。根据《会计基础工作规范》的规定，国有企业单位负责人的直系亲属不得担任本单位的会计机构负责人。直系亲属包括夫妻关系、直系血亲关系、三代以内的旁系血亲及近姻亲关系。因此，单位负责人（厂长）刘涛的妻子钱美不符合担任会计机构负责人的条件。

第三节　会计机构

会计机构是指各单位依据会计工作的需要设置的专门负责办理会计业务事项、进行会计核算、实行会计监督的职能机构，如财务处（科）、计财处等。

一、会计机构设置的基本要求

（一）会计事务的组织方式

《会计法》第36条第1款规定："各单位应当根据会计业务的需要，设置会计机构，或者在有关机构中设置会计人员并指定会计主管人员；不具备设置条件的，应当委托经批准设立从事会计代理记账业务的中介机构代理记账。"这一规定说明了会计机构设置的基

本要求：一是根据会计业务需要设置会计机构；二是不单独设置会计机构的，应该在有关机构中设置会计人员，并指定主管人员；三是不具备设置会计机构和会计人员条件的，应当委托中介机构代理记账。

从有效发挥会计职能的角度看，实行企业化管理的事业单位，实行独立核算的大中型企业，包括集团公司、股份有限公司、有限责任公司等都应设置会计机构；财务收支数额较大的、会计业务较多的行政单位、社会团体和其他组织也应单独设置会计机构。

会计主管人员是指在不单独设置会计机构的单位里，负责组织管理会计事务、行使会计机构负责人职权的负责人。它不同于一般所说的“会计主管”“主管会计”“主办会计”。

代理记账是指将本企业（如小型经济组织、应当建账的个体工商户等）的会计核算、记账、报税等一系列的会计工作全部委托给专业记账公司完成，本企业只设立出纳人员，负责日常货币收支业务和财产保管等工作。

【例题 1-9·分析题】小张了解到，我国《会计法》规定：“单位负责人对本单位的会计工作和会计资料的真实性、完整性负责。”所以他个人认为，一个单位是否需要单独设置会计机构应该由单位负责人说了算。小张的想法正确吗？

【答案解析】小张的想法是错误的。一个单位是否需要单独设置会计机构，通常应该考虑的因素有单位规模的大小、经济业务和财务收支的繁简，以及经营管理的需要。我国的《会计法》虽然规定单位负责人对本单位会计工作和会计资料的真实性、完整性负责，但单位是否需要单独设置会计机构，并不能由单位负责人根据自己的意愿决定。

（二）代理记账

代理记账是指代理记账机构接受委托办理会计业务。

1. 代理记账机构的设立条件

代理记账机构是指依法取得代理记账资格，从事代理记账业务的机构。其设立条件如下：

（1）为依法设立的企业。

（2）会计专职从业人员不少于 3 人。

（3）主管代理记账业务的负责人具有会计师以上专业技术职务资格且为专职从业人员。

（4）有健全的代理记账业务内部规范。

2. 代理记账机构的业务范围

（1）根据委托人提供的原始凭证和其他相关资料，按照国家统一的会计制度的规定进行会计核算，包括审计原始凭证、填制记账凭证、登记会计账簿、编制财务会计报告等。

（2）对外提供财务会计报告。

（3）向税务机关提供税务资料。

（4）委托人委托的其他会计业务。

3．委托人的义务

（1）对本单位发生的经济业务事项，应当填制或取得符合国家统一的会计制度规定的原始凭证。

（2）应当配备专人负责日常货币资金收支和保管。

（3）及时向代理记账机构提供真实、完整的原始凭证和其他相关资料。

（4）对于代理记账机构退回的，要求按照国家统一的会计制度的规定进行更正、补充的原始凭证，应当及时予以更正、补充。

4．代理记账机构及其从业人员的义务

（1）遵守有关法律、法规和国家统一的会计制度的规定，按照委托合同办理代理记账业务。

（2）对在执行业务中知悉的商业秘密予以保密。

（3）对委托人要求其做出不当的会计处理，提供不实的会计资料，以及其他不符合法律、法规和国家统一会计制度规定的行为，予以拒绝。

（4）对委托人提出的有关会计处理相关问题予以解释。

二、会计工作的岗位设置

（一）会计工作岗位的概念

会计工作岗位是指一个单位会计机构内部根据业务分工而设置的职能岗位。根据《会计基础工作规范》和有关制度的规定，会计工作岗位一般可分为：① 总会计师（或行使总会计师职权）岗位；② 出纳岗位；③ 会计机构负责人或者会计主管人员岗位；④ 稽核；⑤ 资本、基金核算；⑥ 收入、支出、债权债务核算；⑦ 职工薪酬、成本费用、财务成果核算；⑧ 财产物资的收发、增减核算；⑨ 总账；⑩ 财务会计报告编制；⑪ 会计机构内会计档案管理；⑫ 其他会计工作岗位。

（二）会计工作岗位的设置要求

1．按需设岗

各单位会计工作岗位的设置应与本单位业务活动的规模、特点和管理要求相适应。一般情况下，业务活动规模小、业务过程简单、经济业务量少和管理要求不高的单位，会计机构内部的分工较粗，会计人员和会计岗位也较少；业务活动规模大、业务过程复杂、经济业务量多和管理要求严格的单位，会计机构内部的分工较细致，会计人员和会计岗位也较多。

2. 符合内部牵制的要求

会计机构内部牵制制度，又称会计责任分离制度，是指涉及款项或者财务的收付、结算及登记工作时，必须由两人或两人以上分工办理，以便互相制约的工作制度。

会计工作岗位可以一人一岗、一人多岗或者一岗多人。出纳不得兼管稽核、会计档案保管和收入、费用、债权债务账目的登记工作；出纳以外的人员不得经管现金、有价证券和票据。

3. 建立岗位责任制

各单位应当建立会计岗位责任制。会计机构内部岗位责任制是指明确各项具体工作的职责范围、具体内容和要求，并落实到每个会计岗位或会计人员的一种会计工作责任制度。会计工作岗位责任制可以有效保证单位会计人员履行会计岗位职责，提高工作效率。

4. 建立轮岗制度

会计人员应当定期或不定期地轮换工作岗位。定期、不定期地轮换会计人员的工作岗位，有利于会计人员全面熟悉单位的会计业务，不断提高会计人员的业务素质和水平，同时也有利于增强会计人员之间的团结合作意识。

【例题 1-10・分析题】甲公司是一家小型企业，规模较小、业务量较少，会计业务的核算相对简单。单位负责人王某为了压缩开支，决定由刚刚大学毕业的孙某（非财会专业）担任出纳，负责单位现金的收付、记账、会计报表的编制及会计档案的保管工作，并要求孙某每一笔账务的处理都要经过他的审核，以避免出现账务问题。请分析王某的做法是否正确。

【答案解析】王某的做法是错误的。他违反了以下相关规定：① 违反了《会计法》第 38 条第 1 款的规定："会计人员应当具备从事会计工作所需要的专业能力。"② 违反了会计机构内部牵制制度的要求。《会计法》第 37 条规定："会计机构内部应当建立稽核制度。出纳人员不得兼任稽核、会计档案保管和收入、支出、费用、债权债务账目的登记工作。"

第四节 会计人员管理

会计人员是会计工作的直接承担者，他们的职权、地位、素质和工作状况直接影响着会计工作和会计资料的质量。目前，我国已初步形成了一套会计人才评价、选拔和培养机制。

一、会计人员的概念

会计人员是指直接从事会计工作的专职人员。在我国，会计人员按职责划分主要有总会计师、会计机构负责人、会计主管人员、一般会计；按照专业技术职务划分为正高级会计师、高级会计师、会计师、助理会计师。

二、会计人员继续教育

会计人员继续教育，又称会计人员后继教育或在职教育，是指会计人员持续接受一定形式的、有组织的理论知识、业务技术和职业道德的教育及培训活动，不断提高和保持其专业胜任能力与职业道德水平。

（一）会计人员继续教育的对象

《会计人员继续教育规定》第 5 条规定："会计人员享有参加继续教育的权利和接受继续教育的义务。"第 10 条规定："会计人员所在单位负责组织和督促本单位的会计人员参加继续教育。会计人员所在单位应当遵循教育、考核、使用相结合的原则，鼓励、支持并组织本单位会计人员参加继续教育，保证学习时间，提供必要的学习条件。"

（二）会计人员继续教育的特点

会计人员继续教育的特点如下：

（1）针对性：针对不同对象确定不同的教育内容，采取不同的教育方式，解决实际问题。

（2）适应性：联系实际工作需要，学以致用。

（3）灵活性：继续教育培训内容、方法、形式等方面具有灵活性。

（三）会计人员继续教育的内容

《会计人员继续教育规定》第 11 条规定："会计人员继续教育的内容主要包括会计理论、政策法规、业务知识、技能训练和职业道德等。"

（四）会计人员继续教育的形式和学时要求

根据《会计人员继续教育规定》第 12～14 条的规定，会计人员可以自愿选择参加本办法规定的继续教育形式。会计人员继续教育的形式以接受培训为主。在职自学是会计人员继续教育的重要补充。

《会计人员继续教育规定》第 17 条规定："会计人员参加继续教育采取学分制管理制度，每年参加继续教育取得的学分不得少于 24 学分。会计人员参加继续教育取得的学分，在全国范围内有效。"

（五）会计人员继续教育的管理

（1）会计人员继续教育实行“统一规划、分级管理”的原则。

（2）财政部负责全国会计人员继续教育的管理。

（3）会计人员参加未经继续教育管理部门公布的会计人员继续教育机构组织开展的会计人员继续教育，继续教育管理部门不为其办理继续教育事项登记。会计人员参加未经继续教育管理部门公布的会计人员所在单位组织开展的会计人员继续教育，继续教育管理部门不为其办理继续教育事项登记。

（4）继续教育管理部门应当加强对会计人员继续教育情况的监督与检查，并将监督、检查结果作为会计人员参加先进会计工作者评选、颁发会计人员荣誉证书等情况的依据之一。对未按规定参加继续教育或者参加继续教育未取得规定学分的会计人员，继续教育管理部门应当责令其限期改正。

（5）会计人员由于病假、在境外工作、生育等原因，无法在当年完成继续教育取得规定学分的，应当提供合理证明，经继续教育管理部门审核确认后，其没有取得的继续教育学分可以顺延至下一年度取得。

【例题 1-11·简答题】已经具有一定会计理论知识和专业技能的会计人员，为什么还要参加会计从业人员继续教育？

【答案解析】对会计人员进行继续教育既是为了适应经济发展的需要，也是为了适应会计知识与技能不断更新、补充、拓展和提高的需要，对于完善会计人员知识结构、提高实际技能、提升道德水平和创新能力都有重要意义。

三、会计人员工作交接

会计人员工作交接是指会计人员因故不能工作时与接替人员办理交接手续的一种工作程序。

《会计法》和其他会计法规对会计工作交接制度作出了原则性规定，《会计基础工作规范》在此基础上作出了具体规定。

（一）交接的范围

根据《会计基础工作规范》第 33 条规定，会计人员在下列情况下，应当办理会计工作交接：

（1）会计人员临时离职或因病不能工作，需要其他人接替或代理的，会计机构负责人（会计主管人员）必须指定专人接替或代理，并办理会计工作交接手续。

（2）临时离职或因病不能工作的会计人员恢复工作时，应当与接替或代理人员办理会计工作交接手续。

（3）移交人员因病或其他特殊原因不能亲自办理交接手续的，经单位负责人批准，可由移交人委托他人代办交接手续，但委托人应当对所移交的会计凭证、会计账簿、财务会计报告和其他有关资料的真实性、完整性承担法律责任。

（二）交接的程序

1．提出交接申请

会计人员在向单位或者有关机关提出调动工作或者离职申请时，应当同时向会计机构提出会计工作交接申请。交接申请的内容应当包括交接申请人姓名、申请调动工作或者离职的缘由、时间、会计交接的具体安排，有无重大报告事项或者建议等。

2．办理移交手续前的准备工作

会计人员在办理会计工作交接前，应当按照规定做好交接准备工作 具体包括以下内容：

（1）对已经受理的经济业务尚未填制会计凭证的，应当填制完毕。

（2）尚未登记的账目应当登记完毕，结出余额，并在最后一笔余额后加盖经办人员印章。

（3）整理好应该移交的各项资料，对未了事项和遗留问题要写出书面说明材料。

（4）编制移交清册，列明应当移交的会计凭证、会计账簿、财务会计报告、公章、现金、有价证券、支票簿、发票、文件及其他会计资料和物品等内容；实行会计电算化的单位，从事该项工作的移交人员应在移交清册上列明会计软件及密码、会计软件数据盘、磁带等内容。

（5）会计机构负责人（会计主管人员）移交时，应将全部财务会计工作、重大财务收支问题和会计人员的情况等，向接替人员介绍清楚。

3．移交点收

移交人员在离职前，必须将本人经管的会计工作，在规定的期限内，全部向接管人员移交清楚。接管人员应认真按照移交清册列明的内容，进行逐项点收，具体要求如下：

（1）现金要根据会计账簿记录余额进行当面点交，不得短缺。如有不一致或“白条抵库”现象，移交人员应在规定期限内负责查清处理。

（2）有价证券的数量要与会计账簿记录一致。由于一些有价证券如债券、国库券等面额与发行价格可能会不一致，因此，在对这些有价证券的实际发行价格、利（股）息等按照会计账簿余额进行交接的同时，对上述有价证券的数量（如张数等）也应当按照有关会计账簿记录点交清楚。

（3）所有会计资料必须完整无缺，不得遗漏。如有短缺，必须查明原因，并在移交清册中加以说明，由移交人负责。

（4）银行存款账户余额要与银行对账单核对相符。如有未达账项，应编制银行存款

余额调节表调节相符；各种财产物资和债权债务的明细账户余额，要与总账有关账户的余额核对相符；对重要实物要实地盘点，对余额较大的往来账户要与往来单位、个人核对。

（5）移交人员经管的票据、印章及其他会计用品等，也必须交接清楚。

（6）实行会计电算化的单位，交接双方应将有关电子数据在计算机上进行实际操作，确认有关数据正确无误后，方可交接。

4. 专人负责监交

为了明确责任，会计人员在办理工作交接手续时，必须有专人负责监交。通过监交，保证双方都按照国家有关规定认真办理交接手续，防止流于形式，保证会计工作不因人员变动而受影响，保证交接双方处在平等的法律地位上享有权利和承担义务，不允许任何一方以大压小，以强凌弱，或采取非法手段进行威胁。监交的具体要求如下：

（1）一般会计人员办理交接手续，由单位的会计机构负责人（会计主管人员）负责监交。

（2）会计机构负责人（会计主管人员）办理交接手续，由单位负责人负责监交，必要时上级主管部门可以派人会同监交。所谓必要时上级主管部门可以派人会同监交，是指有些交接工作需要主管部门监交或者主管部门认为需要参与监交。

5. 交接后的有关事项

（1）会计工作交接完毕后，交接双方和监交人在移交清册上签名或盖章，并应在移交清册上注明：单位名称，交接日期，交接双方和监交人的职务、姓名，移交清册页数，以及需要说明的问题和意见等。

（2）接管人员应继续使用移交前的账簿，不得擅自另立账簿，以保证会计记录前后衔接，内容完整。

（3）移交清册一般应填制一式三份，交接双方各执一份，存档一份。

（三）交接人员的责任

《会计基础工作规范》第 35 条规定：“移交人员对所移交的会计凭证、会计账簿、会计报表和其他有关资料的合法性、真实性承担法律责任。”这是对会计工作交接后，交接双方责任的具体规定。即便接替人在交接时因疏忽没有发现所接会计资料存在问题，如事后发现，仍应由原移交人负责，原移交人不应以会计资料已移交为由推脱责任。

【例题 1-12 · 分析题】2019 年 6 月，WD 市财政局派出检查组对市属国有企业 A 的会计工作进行检查。检查中了解到以下情况：2018 年 8 月，会计朱某由于工作变动，需要离开自己的会计工作岗位，而其移交的一些会计凭证、会计账簿存在问题。在追究朱某的责任时，朱某辩解说：会计凭证、会计账簿既然已经移交给了财务部部长孙某，就应当由孙某承担所有相关责任，与自己没有任何关系。请指出上述情况中存在什么不妥之处，并说明理由。

【答案解析】朱某的说法错误，根据《会计基础工作规范》的规定，移交人员所移交的会计资料是在其经办会计工作期间内所发生的，移交人员应当对这些会计资料的真实性、完整性负责。即使接替人员在交接时因疏忽没有发现所接会计资料在合法性、真实性、完整性方面存在的问题，如事后发现，仍应当由原移交人员负责，原移交人员不应以会计资料已经移交而推脱责任，接替人员不对移交过来资料的真实性、完整性负法律上的责任。

第五节　会计核算

会计核算是指通过确认、计量、记录、报告等方式，将各单位能以货币计量的经济活动内容转换成对决策者有用的会计信息。会计的基本职能是核算和监督。会计核算是整个会计工作的核心和重点，这从《会计法》中可以看出。

一、会计核算的基本原则和内容

会计核算的基本原则是会计核算必须以实际发生的经济业务事项为依据。任何单位不得以虚假的经济业务事项或者资料进行会计核算。

根据《会计法》第 10 条规定，各单位发生的下列事项，应当及时办理会计手续、进行会计核算：

（1）款项和有价证券的收付。

（2）财物的收发、增减和使用。

（3）债权债务的发生和结算。

（4）资本、基金的增减。

（5）收入、支出、费用、成本的计算。

（6）财务成果的计算和处理。

（7）其他需要办理会计手续、进行会计核算的事项。

二、会计年度

会计年度，是以年度为单位进行会计核算的时间区间，是反映单位财务状况、核算经营成果的时间界限。通常情况下，一个单位的经营和业务活动总是连续不断进行的，如果等到单位的经营和业务活动全部结束后才核算财务状况和经营成果，既不利于单位外部利益关系方了解单位的经营情况，也不能满足企业自身经营管理的需要。因此，会计上就将连续不断的经营过程人为地划分为若干相等的时段，分段进行结算，分段编制财务会计报

告，分段反映单位的财务状况和经营成果。

《会计法》第 11 条规定："会计年度自公历 1 月 1 日起至 12 月 31 日止。"每个会计年度还可以按照公历日期划分为半年度、季度、月度，以满足单位经营管理和投资者对会计资料的需要。

三、记账本位币

记账本位币是指单位用于日常登记会计账簿和编制财务会计报告用以计量的货币。

《会计法》第 12 条规定："会计核算以人民币为记账本位币。业务收支以人民币以外的货币为主的单位，可以选定其中一种货币作为记账本位币，但是编报的财务会计报告应当折算为人民币。"这种规定便于财务会计报告使用者阅读和使用，也便于税务、工商等部门通过财务会计报告计算应缴税款和进行工商年检。

【例题 1-13・简答题】我国境内设立企业的记账本位币可以不是人民币。这种说法对吗？

【答案解析】对。《会计法》第 12 条规定："会计核算以人民币为记账本位币。业务收支以人民币以外的货币为主的单位，可以选定其中一种货币作为记账本位币，但是编报的财务会计报告应当折算为人民币。"

四、会计凭证的填制与审核

会计凭证是指记录经济业务发生和完成情况，明确经济责任的书面证明，是登记账簿的依据。会计凭证按其填制程序和用途分为原始凭证和记账凭证两类。

（一）原始凭证

1．原始凭证的概念

原始凭证，又称单据，是在经济业务发生或完成时取得或填制的，用以记录或证明经济业务的发生或完成情况的文字凭据。它不仅能用来记录经济业务发生或完成情况，还可以明确经济责任，是进行会计核算工作的原始资料和重要依据，是会计资料中最具有法律效力的一种文件。原始凭证主要包括两类：

（1）外来原始凭证，即在同外单位发生经济往来事项时，从外单位取得的凭证，如发票、飞机票、火车票、银行收付款通知单，以及企业购买商品、材料时从供货单位取得的发货票等。

（2）自制原始凭证，即在经济业务事项发生或完成时，由本单位内部经办部门或人员填制的凭证，如收料单、领料单、开工单、成本计算单和出库单等。

原始凭证如图 1-3 所示。购销合同、购料申请单等无法证明经济业务发生或完成情况的各种单证不能作为原始凭证并据以记账。

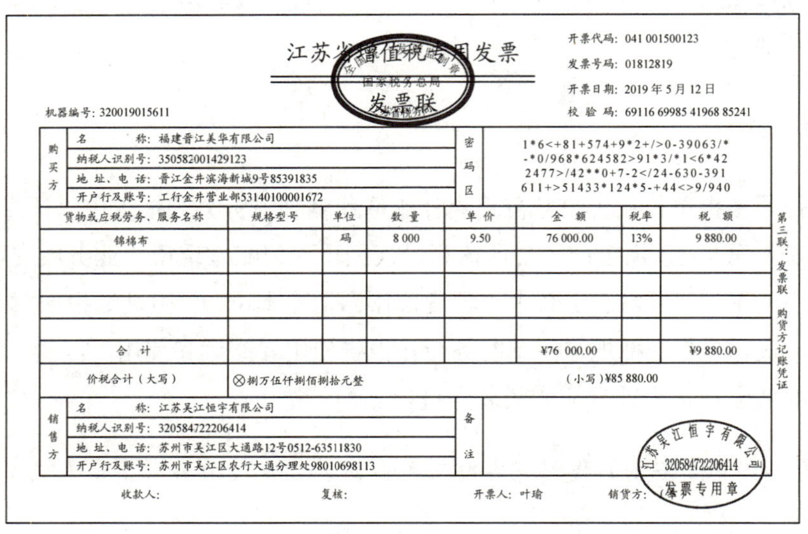

江苏省增值税专用发票

国家税务总局 发票联

开票代码：041 001500123
发票号码：01812819
开票日期：2019 年 5 月 12 日
校 验 码：69116 69985 41968 85241

机器编号：320019015611

购买方	名　　称：福建晋江美华有限公司 纳税人识别号：350582001429123 地址、电话：晋江金井滨海新城9号85391835 开户行及账号：工行金井营业部53140100001672	密码区	1*6<+81+574+9*2+/>0-39063/* -*0/968*624582>91*3/*1<6*42 2477>/42**0+7-2</24-630-391 611+>51433*124*5-+44<>9/940

货物或应税劳务、服务名称	规格型号	单位	数量	单价	金额	税率	税额
锦棉布		码	8 000	9.50	76 000.00	13%	9 880.00
合计					¥76 000.00		¥9 880.00
价税合计（大写）	⊗捌万伍仟捌佰捌拾元整				（小写）¥85 880.00		

销售方	名　　称：江苏吴江恒宇有限公司 纳税人识别号：320584722206414 地址、电话：苏州市吴江区大通路12号0512-63511830 开户行及账号：苏州市吴江区农行大通分理处98010698113	备注	江苏吴江恒宇有限公司 320584722206414 发票专用章

收款人：　　复核：　　开票人：叶瑜　　销货方：（章）

第三联：发票联　购货方记账凭证

（a）增值税专用发票

领 料 单

2019 年 4 月 19 日　　编号：57944920

领料车间（部门）：基本生产车间　　金额单位：元

产品名称	材料名称	规格	计量单位	数量		成本	
				请领	实发	单位成本	金额
A 产品	甲材料		千克	500	500	5.60	2 800.00
	乙材料		千克	800	800	4.00	3 200.00
	小计						6 000.00
B 产品	甲材料		千克	500	500	5.60	2 800.00
	乙材料		千克	700	700	4.00	2 800.00
	小计						5 600.00
合计							11 600.00

记账：张华　　发料：张佳　　领料负责人：蒋大为　　领料：蒋红

（b）领料单

图 1-3　原始凭证

2. 原始凭证的基本内容

由于各项经济业务的内容和经济管理的要求不同，各个原始凭证的名称、格式和内容也是多种多样的，但各种原始凭证都应具备一些共同的基本内容，通常称为凭证要素，主要有：

（1）原始凭证名称。

（2）填制凭证的日期和编号。

（3）填制凭证单位名称或者填制人姓名。

（4）有接受凭证单位的名称（仅限于对外凭证）。

（5）经济业务所涉及的数量、计量单位、单价和金额。

（6）经济业务的内容摘要。

（7）经办业务部门或人员的签章。

此外，原始凭证一般还需载明凭证的附件和凭证的编号。

3．原始凭证的填制要求

原始凭证是根据经济业务活动的执行和完成情况填制的，并具有法律效力的书面证明。为了保证原始凭证能够正确、及时、清晰地反映各项经济业务活动的真实情况，提高会计核算的质量，并真正具备法律效力，原始凭证的填写必须符合如下要求：

（1）真实可靠：如实填列经济业务内容，不弄虚作假，不涂改、挖补。

（2）内容完整：应该填写的项目要逐项填写，不可短缺。

（3）填制及时：经济业务发生或完成时，要立即填列原始凭证。

（4）书写清楚、规范：原始凭证要按规定填写，文字要简要，字迹要清楚。

（5）顺序使用：在填制时按编号的次序使用，跳号的凭证应加盖“作废”戳记，不得撕毁。

（6）手续完备：单位自制的原始凭证必须有经办单位领导人或者其他指定的人员签名盖章；对外开出的原始凭证必须加盖本单位公章；从外部取得的原始凭证，必须盖有填制单位的公章；从个人取得的原始凭证，必须有填制人员的签名盖章。

4．原始凭证的审核

会计人员审核原始凭证应当按照国家统一会计制度的规定进行。原始凭证的审核主要包括以下五个方面。

（1）真实性：包括日期、业务内容和数据是否真实等。

（2）合法性：经济业务是否符合国家有关政策、法规、制度的规定，是否有违法乱纪等行为。

（3）合理性：原始凭证所记录的经济业务是否符合企业生产经营活动的需要、是否符合有关的计划和预算等。

（4）完整性：原始凭证的内容是否齐全，包括有无漏记项目、日期是否完整、有关签章是否齐全等。

（5）正确性：包括数字是否清晰、文字是否工整、书写是否规范、凭证联次是否正确及有无刮擦、涂改和挖补等。

对于经审核的原始凭证，应根据下列不同情况分别作出处理：

（1）对于完全符合要求的原始凭证，应当及时据以编制记账凭证入账。

（2）对于真实、合法、合理但内容不够完整、填写有错误的原始凭证，应退回给有关经办人员。由其负责将有关凭证补充完整、更正错误或重开后，再办理正式的会计手续。

（3）对于不真实、不合法的原始凭证，会计机构和会计人员有权不予接受，并向单位负责人报告。

【例题 1-14·分析题】2019 年 5 月 8 日，A 公司会计人员胡某在办理报销工作中，收到 B 公司开具的两张销货发票均有更改现象：其中一张发票更改了数量和用途，另一张发票更改了金额。两张发票均有 B 公司的单位印章。胡某全部予以报销。胡某的这种做法是否正确？

【答案解析】不正确。原始凭证的填写不能涂改。填写有错误的原始凭证，应退回给有关经办人员。由其负责将有关凭证补充完整、更正错误或重开后，再办理正式的会计手续。

（二）记账凭证

1. 记账凭证的概念

记账凭证，又称记账凭单或分录凭单，是会计人员根据审核无误的原始凭证按照经济业务事项的内容加以归类，并据以确定会计分录后所填制的会计凭证。它是登记账簿的直接依据。记账凭证按其使用范围分为专用记账凭证和通用记账凭证两类。专用记账凭证又分为收款凭证、付款凭证和转账凭证，分别如图 1-4、图 1-5、图 1-6 所示。

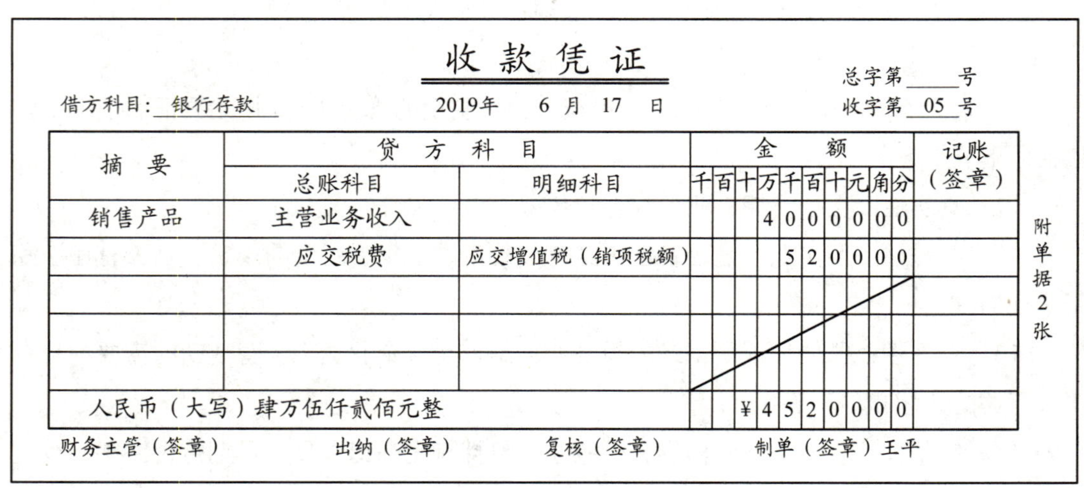

收款凭证

借方科目：银行存款　　2019年 6 月 17 日　　总字第____号　收字第 05 号

摘要	贷方科目		金额									记账（签章）
	总账科目	明细科目	千	百	十	万	千	百	十	元	角	分	
销售产品	主营业务收入					4	0	0	0	0	0	0	
	应交税费	应交增值税（销项税额）					5	2	0	0	0	0	
人民币（大写）肆万伍仟贰佰元整					¥	4	5	2	0	0	0	0	

附单据 2 张

财务主管（签章）　出纳（签章）　复核（签章）　制单（签章）王平

图 1-4　收款凭证

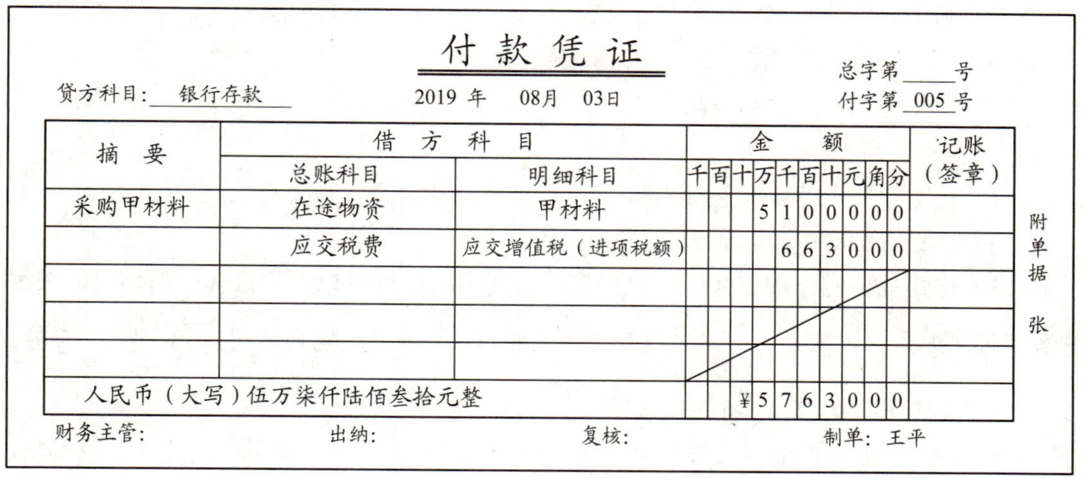

付 款 凭 证

贷方科目：银行存款　　2019 年　08月　03日　　总字第____号　付字第 005 号

摘　要	借方科目		金额										记账（签章）
	总账科目	明细科目	千	百	十	万	千	百	十	元	角	分	
采购甲材料	在途物资	甲材料				5	1	0	0	0	0	0	
	应交税费	应交增值税（进项税额）					6	6	3	0	0	0	
人民币（大写）伍万柒仟陆佰叁拾元整					¥	5	7	6	3	0	0	0	

附单据　张

财务主管：　　出纳：　　复核：　　制单：王平

图 1-5　付款凭证

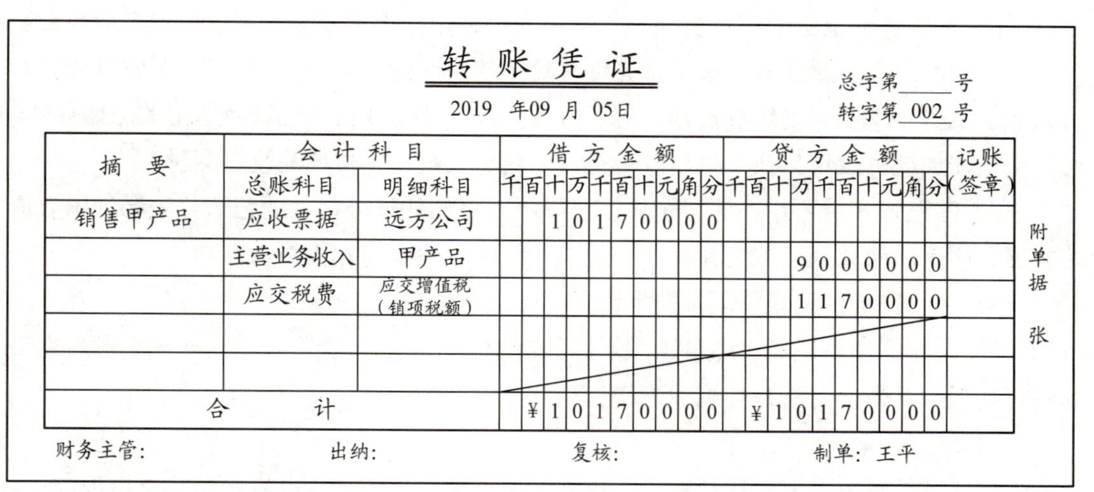

转 账 凭 证

2019　年09　月　05日　　总字第____号　转字第 002 号

摘　要	会计科目		借方金额										贷方金额										记账（签章）
	总账科目	明细科目	千	百	十	万	千	百	十	元	角	分	千	百	十	万	千	百	十	元	角	分	
销售甲产品	应收票据	远方公司			1	0	1	7	0	0	0	0											
	主营业务收入	甲产品														9	0	0	0	0	0	0	
	应交税费	应交增值税（销项税额）														1	1	7	0	0	0	0	
合　计				¥	1	0	1	7	0	0	0	0		¥	1	0	1	7	0	0	0	0	

附单据　张

财务主管：　　出纳：　　复核：　　制单：王平

图 1-6　转账凭证

2．记账凭证的基本内容

由于各单位的经济内容不同、规模大小及会计核算繁简程序不同，记账凭证的格式也有所不同。但为了满足记账的基本要求，记账凭证应具备如下基本内容：

（1）记账凭证的名称，如“收款凭证”“转账凭证”。

（2）填制记账凭证的日期。

（3）经济业务的内容、摘要。

（4）会计科目名称、金额和借贷方向。

（5）记账凭证的编号。

（6）所附原始凭证张数。

（7）制单、审核、记账、会计主管等人员的签名、盖章。如果为收款、付款凭证，还应由出纳人员签名或盖章。

（8）记账标记。一般都是画个“√”，表示已入账，以免重复记账。

3. 记账凭证的填制要求

（1）记账凭证各项内容必须完整。

（2）必须以审核无误的原始凭证为依据。

（3）记账凭证应连续编号。一笔经济业务需要填制两张以上记账凭证的，可以采用分数编号法编号，如第 8 号会计事项有 3 张记账凭证，编号分别为$8\frac{1}{3}$号、$8\frac{2}{3}$号、$8\frac{3}{3}$号。

（4）记账凭证的书写应清楚、规范。

（5）记账凭证可以根据每一张原始凭证填制，或根据若干张同类原始凭证汇总编制，也可以根据原始凭证汇总表填制。但不得将不同内容和类别的原始凭证汇总填制在一张记账凭证上。

（6）记账凭证上必须有填制人员、审核人员、记账人员和会计主管的签名或盖章。对于发生的收款和付款业务必须坚持先审核后办理的原则，出纳人员要在有关收款凭证和付款凭证上签章，以明确经济责任。对已办妥的收款凭证或付款凭证及所附的原始凭证，出纳要当即加盖“收讫”或“付讫”戳记，以避免重收、重付或漏收、漏付。

（7）除结账和更正错误的记账凭证可以不附原始凭证外，其他记账凭证必须附有原始凭证。所附原始凭证张数的计算，一般以所附原始凭证自然张数为准。

（8）如果在填制记账凭证时发生错误，应重新填制。

（9）记账凭证填制经济业务事项后，如有空行，应当自金额栏最后一笔金额数字下的空行处至合计数上的空行处画线注销。

4. 记账凭证的审核

记账凭证的审核主要围绕记账凭证填制的要求和具体填制方法进行，其审核内容有：

（1）审核是否按已审核无误的原始凭证填制记账凭证；记录的内容与所附原始凭证是否一致，金额是否相等；所附原始凭证的张数是否与记账凭证所列附件张数相符。

（2）审核记账凭证所列会计科目（包括一级科目、明细科目），以及应借、应贷方向和金额是否正确；借贷双方的金额是否平衡；明细科目金额之和与相应的总账科目的金额是否相等。

（3）审核记账凭证摘要是否填写清楚，日期、凭证编号、附件张数及有关人员签章等各个项目填写是否齐全。若发现记账凭证的填制有差错或者填列不完整、签章不齐全，应查明原因，责令更正、补充或重填。只有经过审核无误的记账凭证，才能据以登记账簿。

五、会计账簿的登记

（一）会计账簿的概念和分类

会计账簿是按照会计科目开设账户、账页，用以序时分类记录经济业务的簿籍。《会计法》第 3 条规定："各单位必须依法设置会计账簿，并保证其真实、完整。"《会计法》第 15 条规定："会计账簿包括总账、明细账、日记账和其他辅助性账簿。"

会计账簿的种类如表 1-1 所示。

表 1-1　会计账簿的种类

<table>
<tr><th colspan="2">分　类</th><th colspan="2">备　注</th></tr>
<tr><td rowspan="5">按用途分类</td><td rowspan="2">序时账簿（日记账）</td><td>普通日记账</td><td>用来序时记录全部经济业务发生情况的日记账；
特点：所涉及的借方、贷方全部反映在一本账簿上，工作量大，不便于查核，不利于分工，在会计实务中很少采用</td></tr>
<tr><td>特种日记账</td><td>用来序时记录某一类经济业务发生情况的日记账，如现金、银行存款业务</td></tr>
<tr><td rowspan="2">分类账簿</td><td>总分类账</td><td>简称总账，是根据总账科目开设账户来分类登记全部交易或事项，提供总括核算资料</td></tr>
<tr><td>明细分类账</td><td>简称明细账，根据总账科目设置，按照其所属明细科目开设账户，提供明细核算资料</td></tr>
<tr><td>备查账簿</td><td colspan="2">又称辅助账簿，是指对某些在日记账和分类账中未能记录或记录不全的交易或事项进行补充登记的账簿，如租入固定资产备查簿、应收票据贴现备查簿</td></tr>
<tr><td rowspan="8">按账页格式分类</td><td>两栏式账簿</td><td colspan="2">只用借贷两个基本金额栏目的账簿</td></tr>
<tr><td rowspan="2">三栏式账簿</td><td>设对方科目</td><td rowspan="2">账页只设借贷和余额三个金额栏的账簿，如现金日记账，银行存款日记账，总分类账，资本、债权、债务明细账</td></tr>
<tr><td>不设对方科目</td></tr>
<tr><td rowspan="4">多栏式账簿</td><td colspan="2">在账页的借方、贷方或借贷双方按需要设若干栏</td></tr>
<tr><td>借方多栏</td><td>如成本费用类明细账</td></tr>
<tr><td>贷方多栏</td><td>如收入类明细账</td></tr>
<tr><td>借贷方均为多栏</td><td>如本年利润、利润分配、应交税费等明细账</td></tr>
<tr><td>数量金额式账簿</td><td colspan="2">在借方、贷方和余额栏内，分别设有数量、单价和金额三栏，如原材料、库存商品、产成品等明细账</td></tr>
<tr><td rowspan="3">按外形特征分类</td><td>订本账</td><td colspan="2">指在账簿启用前，把若干序号编号的账页装订在一起的账簿</td></tr>
<tr><td>活页账</td><td colspan="2">把若干具有专门格式的、零散的账页装在账夹内而不固定的账簿</td></tr>
<tr><td>卡片账</td><td colspan="2">是由具有专门格式的、分散的卡片作为账页，存放在卡片箱内保管的账簿，如固定资产卡片</td></tr>
</table>

（二）会计账簿的启用

会计账簿的启用必须遵循账簿启用规则。启用会计账簿时，应当在账簿封面上写明单位名称和账簿名称。在账簿扉页上应当附启用表，内容包括：启用日期、账簿页数、记账人员和会计机构负责人、会计主管人员姓名，并加盖名章和单位公章。记账人员或者会计机构负责人、会计主管人员调动工作时，应当注明交接日期、接办人员或者监交人员姓名，并由交接双方人员签名或者盖章。

启用订本式账簿，应当从第一页到最后一页顺序编定页数，不得跳页、缺号。使用活页式账页，应当按账户顺序编号，并须定期装订成册。装订后再按实际使用的账页顺序编定页码。另加目录，记明每个账户的名称和页次。

（三）会计账簿的登记

会计账簿的登记应符合以下要求：

（1）内容准确、完整。登记会计账簿时，应当将会计凭证日期、编号、业务内容摘要、金额和其他有关资料逐项计入账内，做到数字准确、摘要清楚、字迹工整。

（2）登记账簿要及时。登记账簿的间隔时间没有统一的规定，总的来说是越短越好。一般情况下，总账可以三五天登记一次；明细账的登记时间间隔要短于总账，日记账和债权债务明细账一般一天登记一次；现金、银行存款日记账，应根据收、付款记账凭证，随时按照业务发生顺序逐笔登记，每日终了应结出余额。经管现金和银行存款日记账的专门人员，必须每日掌握银行存款和现金的实有数，谨防开出空头支票和影响经营活动的正常用款。

（3）注明记账符号。登记完毕后，要在记账凭证上签名或者盖章，并注明已经登账的符号，表示已经记账。在记账凭证上设有专门的栏目应注明记账的符号，以免重记或漏记。

（4）书写留空。账簿中书写的文字和数字上面要留有适当空格，不要写满格，一般应占格距的 1/2。这样，一旦发生登记错误，也能比较容易地进行更正，同时也方便查账工作。

（5）正常记账使用蓝黑墨水。登记账簿要用蓝黑墨水或者碳素墨水书写，不得使用圆珠笔（银行的复写账簿除外）或者铅笔书写。在会计上，数字的颜色是重要的因素之一，它同数字和文字一起传达出会计信息，书写墨水的颜色用错了，其导致的概念混乱不亚于数字和文字的错误。

（6）特殊记账使用红墨水。依据财政部会计基础工作规范的规定，下列四种情况可以用红色墨水记账：① 按照红字冲账的记账凭证，冲销错误记录；② 在不设借贷等栏的多栏式账页中，登记减少数；③ 在三栏式账户的余额栏前，如未印明余额方向的，在余额栏内登记负数余额；④ 根据国家统一会计制度的规定可以用红字登记的其他会计记录。

（7）顺序连续登记。各种账簿应按页次顺序连续登记，不得跳行、隔页。如果发生跳行、隔页，应当将空行、空页画线注销，或者注明“此行空白”“此页空白”字样，并由记账人员签名或者盖章。

（8）结出余额。凡需要结出余额的账户，结出余额后应当在“借或贷”等栏内写明“借”或者“贷”等字样。没有余额的账户，应当在“借或贷”等栏内写“平”字，并在余额栏内用“0”表示。现金日记账和银行存款日记账必须逐日结出余额。一般说来，对于没有余额的账户，在余额栏内标注的“0”应当放在“元”位。

（9）过次承前。每一账页登记完毕结转下页时，应当结出本页合计数及余额，写在本页最后一行和下页第一行有关栏内，并在摘要栏内注明“过次页”和“承前页”字样；也可以将本页合计数及金额只写在下页第一行有关栏内，并在摘要栏内注明“承前页”字样。

（10）不得刮擦、涂改。如发生账簿记录错误，不得刮、擦、挖补或用褪色药水更改字迹，而应采用规定的方法更正。

（11）实行会计电算化的单位，总账和明细账应当定期打印。

六、编制财务会计报告

财务会计报告，又称财务报告、会计报告或会计报表，是指企业对外提供的反映企业某一特定日期的财务状况和某一会计期间的经营成果、现金流量等会计信息的文件。它的编制依据是经过审核的会计账簿记录和有关资料。

（一）财务会计报告的构成

财务会计报告是对单位会计核算工作的全面总结，也是及时提供真实、完整的会计资料的主要环节。财务会计报告包括会计报表、会计报表附注（俗称“四表一注”）和财务情况说明书。

（1）会计报表至少应当包括资产负债表、利润表、所有者权益变动表和现金流量表等报表。

（2）会计报表附注是对会计报表本身无法或难以充分表达的内容和项目所作的补充说明和详细解释。

（3）财务情况说明书是对单位一定会计期间内财务、成本等情况进行分析总结的书面文字报告，也是财务会计报告的重要组成部分。

（二）财务会计报告的编制

财务会计报告的编制要求如下：

（1）企业应当以持续经营为基础，根据实际发生的交易和事项，按照《企业会计准则——基本准则》和其他各项会计准则的规定进行确认和计量，并在此基础上编制财务报表。

（2）财务报表项目的列报应当在各个会计期间保持一致，不得随意变更。

（3）性质和功能不同的项目应当在财务报表中单独列报，但不具有重要性的项目除外。

（4）财务报表的资产和负债项目的金额、收入项目和费用项目的金额一般不得相互抵销。

（5）当期财务报表的列报，至少应当提供所有列报项目上一可比会计期间的比较数据，以及与理解当期财务报表相关的说明。

总之，就是要求数据真实、内容完整、计算准确、编报及时。

七、财产清查

财产清查是对各项财产、物资进行实地盘点和核对，查明财产物资、货币资金和结算款项的实有数额，确定其账面结存数额和实际结存数额是否一致，以保证账实相符的一种会计专门方法。财产清查不仅是会计核算的一种专门方法，也是财产管理的一项重要制度。

《会计法》第 17 条规定："各单位应当定期将会计账簿记录与实物、款项及有关资料相互核对，保证会计账簿记录与实物及款项的实有数额相符、会计账簿记录与会计凭证的有关内容相符、会计账簿之间相对应的记录相符、会计账簿记录与会计报表的有关内容相符。"

财产清查的作用有如下几点：

（1）有利于保证会计核算资料的真实可靠。

（2）有利于保护财产的安全和完整。

（3）有利于维护财经纪律和贯彻执行结算制度。

（4）有利于挖掘财产物资的潜力，提高资金使用效率。

（5）有利于改善经营管理，健全内部会计制度。

财产清查的结果必须按国家有关财务制度的规定，严肃认真地给予处理。财产清查中一旦发现盘盈、盘亏、毁损和变质或超储、积压等问题，应认真核对数字，按规定的程序上报批准后再行处理；对于长期不清或有争执的债权、债务，也应核准数额上报，待批准后处理。

八、会计档案管理

（一）会计档案的概念和分类

会计档案是指单位在进行会计核算等过程中接收或形成的，记录和反映单位经济业务事项的，具有保存价值的文字、图表等各种形式的会计资料，包括通过计算机等电子设备

形成、传输和存储的电子会计档案。具体包括以下几类：

（1）会计凭证类，包括原始凭证和记账凭证。

（2）会计账簿类，包括总账、明细账、日记账、固定资产卡片及其他辅助性账簿。

（3）财务会计报告类，包括月度、季度、半年度、年度财务会计报告。

（4）其他会计资料类，包括银行存款余额调节表、银行对账单、纳税申报表、会计档案移交清册、会计档案保管清册、会计档案销毁清册、会计档案鉴定意见书及其他具有保存价值的会计资料。

（二）会计档案的归档

单位的会计机构或会计人员所属机构（以下统称单位会计管理机构），负责会计资料整理、归档、立卷、编制会计档案保管清册。

单位从外部接收的电子会计资料附有符合《中华人民共和国电子签名法》规定的电子签名的，可仅以电子形式归档保存，形成电子会计档案。会计档案整理要求如下：分类标准统一、档案形成统一和管理要求统一，并分门别类按各卷顺序编号。

（三）会计档案的移交

1．单位内部会计档案移交

当年形成的会计档案，在会计年度终了后，可由单位会计管理机构临时保管一年，再移交单位档案管理机构保管。因工作需要确需推迟移交的，应当经单位档案管理机构同意。单位会计管理机构临时保管会计档案最长不超过 3 年。出纳人员不得兼管会计档案。

单位会计管理机构在办理会计档案移交时，应当编制会计档案移交清册，并按照国家档案管理的有关规定办理移交手续。纸质会计档案移交时，应当保持原卷的封装。电子会计档案移交时应当将电子会计档案及其元数据一并移交，特殊格式的电子会计档案应当与其读取平台一并移交。

2．单位之间会计档案移交

移交会计档案的单位，应当编制会计档案移交清册，列明应当移交的会计档案名称、卷号、册数、起止年度、档案编号、应保管期限和已保管期限等内容。

单位之间交接会计档案时，交接双方应当办理会计档案交接手续。交接会计档案时，交接双方应当按照会计档案移交清册所列内容逐项交接，并由交接双方的单位有关负责人负责监督。交接完毕后，交接双方经办人和监督人应当在会计档案移交清册上签名或盖章。

单位之间会计档案移交与单位内部电子会计档案移交处理方法一致。

（四）会计档案的保管期限

会计档案的保管期限分为永久和定期两类。定期保管期限一般分为 10 年和 30 年。会计档案的保管期限，从会计年度终了后的第一天算起。企业和其他会计组织会计档案的保管期限如表 1-2 所示。

表 1-2 企业和其他会计组织会计档案的保管期限

序号	档案名称	保管期限	备注
一	会计凭证类		
1	原始凭证	30 年	
2	记账凭证	30 年	
二	会计账簿类		
3	总账	30 年	
4	明细账	30 年	
5	日记账	30 年	
6	固定资产卡片		固定资产报废清理后保管 5 年
7	其他辅助性账簿	30 年	
三	财务会计报告类		
8	月度、季度、半年度财务报告	10 年	
9	年度财务报告	永久	
四	其他会计资料		
10	银行存款余额调节表	10 年	
11	银行对账单	10 年	
12	纳税申报表	10 年	
13	会计档案移交清册	30 年	
14	会计档案保管清册	永久	
15	会计档案销毁清册	永久	
16	会计档案鉴定意见书	永久	

（五）会计档案的查阅、复制与借出

各单位应当建立健全会计档案查阅、复制和借出登记制度。

单位应当严格按照相关制度利用会计档案，在进行会计档案查阅、复制、借出时履行登记手续，严禁篡改和损坏。

单位保存的会计档案一般不得对外借出。确因工作需要且根据国家有关规定必须借出的，应当严格按照规定办理相关手续。

会计档案借用单位应当妥善保管和利用借入的会计档案，确保借入会计档案的安全完整，并在规定时间内归还。

单位保存的会计档案及其复制件需要携带、寄运或传输至境外的，应当按照国家有关规定执行。

（六）会计档案的销毁

1. 会计档案的鉴定

单位应当定期对已到保管期限的会计档案进行鉴定，并形成会计档案鉴定意见书。经鉴定，仍需继续保存的会计档案，应当重新划定保管期限；对保管期满，确无保存价值的会计档案，可以销毁。

会计档案鉴定工作应当由单位档案管理机构牵头，组织单位会计、审计、纪检监察等机构或人员共同进行。

2. 会计档案的销毁程序

经鉴定可以销毁的会计档案，应当按照以下程序销毁：

（1）单位档案管理机构编制会计档案销毁清册，列明拟销毁会计档案的名称、卷号、册数、起止年度、档案编号、应保管期限、已保管期限和销毁时间等内容。

（2）单位负责人、档案管理机构负责人、会计管理机构负责人、档案管理机构经办人和会计管理机构经办人在会计档案销毁清册上签署意见。

（3）单位档案管理机构负责组织会计档案销毁工作，并与会计管理机构共同派员监销。监销人在会计档案销毁前，应当按照会计档案销毁清册所列内容进行清点核对；在会计档案销毁后，应当在会计档案销毁清册上签名或盖章。

3. 不得销毁的会计档案

保管期满但未结清的债权债务会计凭证和涉及其他未了事项的会计凭证不得销毁。纸质会计档案应当单独抽出立卷，电子会计档案单独转存，保管到未了事项完结时为止。

单独抽出立卷或转存的会计档案，应当在会计档案鉴定意见书、会计档案销毁清册和会计档案保管清册中列明。

第六节 会计监督

会计监督是指单位内部的会计机构和会计人员、依法享有经济监督检查职权的政府有关部门、依法批准成立的社会审计中介组织，对国家机关、社会团体、企业事业单位经济活动的合法性、合理性和会计资料的真实性、完善性及本单位内部预算执行情况所进行的监督。

随着《会计法》的修订和实施，我国已形成了三位一体的会计监督体系，包括单位内部监督、以注册会计师为主体的社会监督和以政府财政部门为主体的国家监督。

一、单位内部会计监督

（一）单位内部会计监督的概念、主体和对象

单位内部会计监督是指为了保护单位资产的安全、完整，保证其经营活动符合国家法律、法规和内部有关管理制度，提高经营管理水平和效率，而在单位内部采取的一系列相互制约、相互监督的制度和方法。根据《会计法》第 27 条规定，各单位应当建立、健全本单位内部会计监督制度。

单位内部会计监督的主体是各单位的会计机构和会计人员。其中各单位的会计机构是单位内部会计监督的实施部门，各单位的会计人员是具体的操作者。单位负责人对本单位内部会计监督制度的建立及其有效实施承担最终责任。

单位内部会计监督的对象是单位的经济活动。

（二）单位内部会计监督制度的基本要求

单位内部会计监督制度应当符合下列要求：

（1）记账人员与经济业务事项和会计事项的审批人员、经办人员、财物保管人员的职责权限应当明确，并相互分离、相互制约。

（2）重大对外投资、资产处置、资金调度和其他重要经济业务事项的决策和执行的相互监督、相互制约程序应当明确。

（3）财产清查的范围、期限和组织程序应当明确。

（4）对会计资料定期进行内部审计的办法和程序应当明确。

（三）会计机构和会计人员在单位内部会计监督中的职责

《会计法》第 28 条和第 29 条规定了会计机构和会计人员在单位内部会计监督中的职责是：

（1）会计机构、会计人员对违反《会计法》和国家统一的会计制度规定的会计事项，有权拒绝办理或者按照职权予以纠正。

（2）会计机构、会计人员发现会计账簿记录与实物、款项及有关资料不相符的，按照国家统一的会计制度的规定有权自行处理的，应当及时处理；无权处理的，应当立即向单位负责人报告，请求查明原因，作出处理。

【例题 1-15·分析题】某公司 2019 年制定了内部控制制度，其要点如下：① 为提高工作效率，公司的重大财产处置、对外投资和资金调度等事宜统一由总经理审批；② 为方便与供货方的合作，公司划拨给采购部门专项资金，由采购部门自行与供货商结算货款；③ 为加强对成本费用的管理，由主管公司财务工作的副总经理编制成本费用预算，在实际执行中各成本费用业务也需要其审批，超过预算的成本费用

经其批准后，会计人员即可支付。从内部控制的角度分析，该公司制定的内部控制制度有无不当之处？

【答案解析】该公司内部控制制度的要点不符合相互制约、相互监督的基本原则。重大财产处置、对外投资和资金调度由公司总经理统一审批不符合授权批准制度的控制要求，存在授权不当或违反集体决策审批的情况。采购部门及其人员直接支付货款的规定违背了相容职务分离的原则。

二、会计工作的社会监督

（一）会计工作社会监督的概念和主体

会计工作的社会监督主要是指由注册会计师及其所在的会计师事务所依法对委托单位的经济活动进行的审计、鉴证的一种监督制度。另外，单位和个人检举违法行为，也属于会计工作的社会监督。

（二）注册会计师及其所在的会计师事务所的业务范围

根据《注册会计师法》的规定，注册会计师是依法取得注册会计师证书并接受委托从事审计和会计咨询、服务业务的执业人员。

会计师事务所是指依法独立承担注册会计师业务的中介服务机构。注册会计师及其所在的会计师事务所依法承办下列审计业务：

（1）审查财务会计报告，出具审计报告。

（2）验证企业资本，出具验资报告。

（3）办理企业合并、分立、清算事宜中的审计业务，出具有关报告。

（4）法律、行政法规规定的其他审计业务。

此外，会计师事务所还可以承办会计咨询、会计服务等业务。

知识链接

有下列情形之一的，受理申请的注册会计师协会不予注册：

（1）不具有完全民事行为能力的。

（2）因受刑事处罚，自刑罚执行完毕之日起至申请注册之日止不满5年的。

（3）因在财务、会计、审计、企业管理或者其他经济管理工作中犯有严重错误受行政处罚、撤职以上处分，自处罚、处分决定之日起至申请注册之日止不满2年的。

（4）受吊销注册会计师证书的处罚，自处罚决定之日起至申请注册之日止不满5年的。

（5）国务院财政部门规定的其他不予注册的情形的。

三、会计工作的政府监督

（一）会计工作政府监督的概念和主体

会计工作的政府监督，又称国家监督，主要是指财政部门代表国家对单位和单位中相关人员的会计行为实施的监督检查，以及对发现的违法会计行为实施的行政处罚，是一种外部监督。

《会计法》第 7 条规定："国务院财政部门主管全国的会计工作。县级以上地方各级人民政府财政部门管理本行政区域内的会计工作。"因此，财政部门是《会计法》的执法主体，是会计工作的政府监督实施主体。

此外，《会计法》还规定，除财政部门外，审计、税务、人民银行、证券监管、保险监管等部门依照有关法律、行政法规规定的职责和权限，可以对有关单位（并非所有单位）的会计资料实施监督检查，且属于政府监督范畴。

（二）会计工作政府监督的对象和内容

财政部门实施会计监督检查的对象是会计行为，并对发现的有违法会计行为的单位和个人实施行政处罚。违法会计行为是指公民、法人和其他组织违反《会计法》及其他有关法律、行政法规、国家统一的会计制度的行为。

财政部门依法对各单位的下列情况实施监督。

1. 对单位依法设置会计账簿的检查

对单位依法设置会计账簿的检查具体包括：① 应设置账簿的企业是否设置相关账簿；② 设置账簿的单位，其设置会计账簿的情况是否符合相关规定；③ 各单位是否存在账外账的违法行为等。

2. 对单位会计资料真实性、完整性的检查

对单位会计资料真实性、完整性的检查具体包括：① 各单位对实际发生的经济业务事项是否及时办理会计手续，进行会计核算；② 各单位填制的会计凭证、登记的会计账簿、编制的会计报告是否与实际发生的经济事项相符，是否做到账实相符、账证相符、账账相符、账表相符；③ 各单位提供的财务会计报告是否符合相关法律、行政法规和国家统一的会计制度的规定。

3. 对单位会计核算情况的检查

对单位会计核算情况的检查具体包括：① 各单位会计核算的内容是否真实、完整；② 各单位采用的会计年度、记账本位币、会计处理方法、会计记录文字是否符合法律、法规和国家统一的会计制度规定；③ 各单位对资产、负债、所有者权益、收入、支出、费用、成本、利润的确认、计量、记录和报告是否符合国家统一的会计制度的规定；④ 各单位会计档案保管是否符合法定要求等。

4．对单位会计人员从业能力和任职资格的检查

对单位会计人员从业能力和任职资格的检查具体包括：① 从事会计工作的人员是否具备专业能力、遵守职业道德；② 会计机构负责人是否符合任职条件等。

5．对会计师事务所出具的审计报告的程序和内容的检查

省级以上（含省级）财政部门依法对注册会计师、会计师事务所和注册会计师协会进行监督、指导。财政部门对会计师事务所出具审计报告的程序和内容进行监督。

思考与练习

一、单项选择题

1．我国主管全国会计工作的机构是（　　）。

A．国务院　　B．全国人大常委会

C．国务院财政部　　D．审计署

2．担任单位会计机构负责人（会计主管人员）的，应当具备会计师以上专业技术职务资格或从事会计工作（　　）年以上经历。

A．3　　B．5　　C．8　　D．10

3．根据《会计法》的规定，单位内部的会计工作管理，应由（　　）负责。

A．总会计师　　B．单位会计机构负责人

C．单位分管会计工作领导　　D．单位负责人

4．我国会计工作管理体制是（　　）。

A．统一领导　　B．统一领导、分级管理

C．分级领导　　D．统一领导、集中管理

5．（　　）是调整经济关系中各种会计关系的法律规范。

A．《企业财务会计报告条例》　　B．《会计法》

C．《企业会计制度》　　D．《会计基础工作规范》

6．（　　）应当对本单位会计资料的真实性、完整性负责。

A．单位负责人　　B．单位会计机构负责人

C．单位的总会计师　　D．单位的会计主管人员

7．某外商投资企业，业务收支以美元为主，也有少量的人民币。根据《会计法》的规定，为方便会计核算，该单位应采用（　　）作为记账本位币。

A．人民币　　B．人民币或美元

C．欧元　　D．美元

8. 《会计法》规定，各单位应依据（　　）设置会计机构，或者在有关机构中设置会计人员并指定会计主管人员。

A. 单位营业收入　　B. 会计人员数量

C. 会计业务的需要　　D. 单位的规模

9. 实行回避制度的单位，会计主管人员的直系亲属不得担任本单位的（　　）。

A. 会计机构负责人　　B. 会计主管人员

C. 出纳　　D. 稽核

10. 根据《会计档案管理办法》规定，固定资产卡片账自固定资产报废后的保管期限是（　　）。

A. 3 年　　B. 5 年　　C. 15 年　　D. 永久

11. A 单位会计王某采用涂改手段，将金额为 10 000 元的购货发票改为 40 000 元。根据《会计法》有关规定，该行为属于（　　）。

A. 伪造会计凭证　　B. 变造会计凭证

C. 伪造会计账簿　　D. 变造会计账簿

12. 会计档案保管期限分为永久和定期两类。定期保管的会计档案，其最长的保管期限是（　　）年。

A. 10　　B. 20　　C. 30　　D. 35

13. 下列关于会计人员回避制度说法中，表述错误的是（　　）。

A. 国有企业单位负责人的直系亲属不得担任本单位的会计机构负责人

B. 国有企业会计机构负责人的直系亲属不得在本单位会计机构中担任出纳工作

C. 事业单位任用会计人员可以不实行回避制度

D. 国家机关任用会计人员应当实行回避制度

14. 单位在审核原始凭证时，发现外来原始凭证的金额有错误，应由（　　）。

A. 接受凭证单位更正并加盖公章　　B. 原出具凭证单位更正并加盖公章

C. 原出具凭证单位重开　　D. 经办人员更正并报领导审批

15. 会计主管人员办理交接手续时，负责监交的是（　　）。

A. 会计机构负责人　　B. 单位负责人

C. 主管单位派人　　D. 会计机构负责人和单位负责人

16. 一般会计人员办理会计工作交接手续时负责监交的人员应当是（　　）。

A. 其他会计人员　　B. 会计机构负责人

C. 单位负责人　　D. 主管单位有关人员

17. 会计移交清册，一般应填制（　　）。

A. 一份　　B. 一式两份

C. 一式三份　　D. 一式四份

18. 在我国，下列必须由注册会计师承办的业务是（ ）。

A. 管理咨询
B. 提供税务咨询
C. 代理纳税申报
D. 出具验资报告

19. 下列关于记账本位币说法中，表述错误的是（ ）。

A. 记账本位币是指日常登记账簿和编制财务会计报告用以计量的货币
B. 我国会计核算原则上以人民币为记账本位币
C. 法律禁止收支业务以人民币以外货币为主的单位选定某种货币作为记账本位币
D. 以人民币以外的货币为记账本位币的，在编制财务会计报告时应折算成人民币反映

20. 下列各项中，属于出纳人员不得从事的工作是（ ）。

A. 现金收付
B. 现金日记账的登记
C. 银行存款日记账的登记
D. 收入、费用明细账的登记

二、多项选择题

1. 下列符合《会计法》对各国家机关、企事业单位、社会团体设置会计机构所作规定的有（ ）。

A. 单独设置会计机构
B. 不单独设置会计机构，在有关机构中设置会计人员并指定会计主管人员
C. 委托中介机构代理记账
D. 不具备设置条件不记账

2. 下列选项中，在会计法规制度中进行统一规范的有（ ）。

A. 会计年度
B. 记账本位币
C. 设置会计账簿
D. 填制会计凭证

3. 下列关于会计账簿的说法中，正确的有（ ）。

A. 会计账簿以会计凭证为依据
B. 由一定格式、相互联系的账页所组成
C. 是会计资料的主要载体之一
D. 是编制财务会计报告，检查、分析和控制单位经济活动的主要依据

4. 下列各项中，属于会计法律责任种类的有（ ）。

A. 责令限期整改
B. 罚款
C. 不得从事会计工作
D. 行政处分

5. 下列关于会计机构和会计人员的说法中，不正确的有（ ）。

A. 各单位应当根据需要尽可能设置会计机构

B．会计机构内部应当建立稽核制度

C．单位负责人的直系亲属不得在本单位会计机构中担任出纳工作

D．一般会计人员办理交接手续，由单位负责人负责监交

6．下列各项中，属于不相容职务的有（　　）。

A．业务经办与记账　　B．业务经办与业务审批

C．业务审批与记账　　D．业务经办与财物保管

7．下列各项中，属于会计工作岗位的有（　　）。

A．商场收银员　　B．财产物资的收发、增减核算岗位

C．单位内部审计人员　　D．稽核岗位

8．财务会计报告分为（　　）。

A．年度财务会计报告　　B．半年度财务会计报告

C．季度财务会计报告　　D．月度财务会计报告

9．会计监督分为（　　）。

A．单位内部会计监督　　B．会计工作的政府监督

C．会计工作的社会监督　　D．单位和个人的监督

10．下列各项中，属注册会计师及其所在的会计师事务所可依法承办的审计业务有（　　）。

A．审查企业财务会计报告，出具审计报告

B．验证企业资本、出具验资报告

C．办理企业合并、分立、清算事宜中的审计业务，出具有关报告

D．法律、行政法规规定的其他审计业务

11．下列各项中，属于出纳人员不得兼管的工作包括（　　）。

A．稽核　　B．会计档案保管

C．收入、费用账目登记　　D．债权债务账目登记

12．下列各项中，属于回避制度中所指的直系亲属的有（　　）。

A．夫妻关系　　B．直系亲属关系

C．三代以内旁系血亲　　D．近姻亲关系

13．在我国会计法规体系中，《会计法》是（　　）。

A．调整我国经济生活中会计关系的法律总规范

B．会计法律制度中层次最高的法律规范

C．制定其他会计法规的依据

D．指导会计工作的最高准则

14．下列各项中，（　　）属于登记账簿的基本要求。

A．必须依据经过审核的会计凭证登记会计账簿

B．各种账簿要按页次顺序连续登记，不得跳行、隔页

C．需结出余额的账户，应当定期结出余额

D．登记会计账簿时，应当将会计凭证编号、日期、业务内容摘要、金额和其他有关资料逐项记入账内

15．下列各项中，属于变造会计账簿行为的有（　　）。

A．以虚假的经济业务事项编造不真实的会计账簿

B．用涂改手段改变会计账簿的真实内容

C．用挖补手段改变会计账簿的真实内容

D．以虚假的原始凭证为依据编造不真实的会计账簿

16．根据《会计法》规定，会计报告由（　　）组成。

A．会计报表　　B．会计报表附注

C．财务情况说明书　　D．其他会计资料

17．会计档案一般分为（　　）。

A．会计凭证类　　B．会计账簿类

C．财务会计报告类　　D．其他会计资料类

18．下列各项中，属于登记账簿书写时可以采用的有（　　）。

A．蓝黑墨水　　B．碳素墨水

C．圆珠笔　　D．铅笔

19．下列（　　）情况下，会计人员应该办理会计工作交接。

A．调动工作　　B．离职

C．临时离职　　D．因病不能工作

20．根据会计法规定，下列关于会计工作岗位设置说法正确的包括（　　）。

A．应按需设岗

B．可以一人一岗、一人多岗或者一岗多人

C．应建立岗位责任制

D．应建立轮岗制度

三、判断题

1．根据《会计档案管理办法》的规定，会计档案的保管期限应从会计年度终了后的第一天算起。（　　）

2．对于保管期满但未结清债权债务的会计档案，不得销毁。（　　）

3．根据《会计基础工作规范》的规定，单位的会计业务不能一人多岗或一岗多人。（　　）

4．根据《会计法》规定，各单位都必须单独设置会计机构。（　　）

5．移交人对自己经办且已经移交的会计资料的真实性、完整性，要承担法律责任，不能因为会计资料已经移交而推脱责任。（ ）

6．各单位对外报送的财务会计报告，应当经过单位负责人、总会计师、会计机构负责人、会计主管人员和经办会计人员签名并盖章。（ ）

7．对所有保管期满的会计档案，各单位都可以自行决定销毁。（ ）

8．会计人员办理工作交接后，接管人员可另立账簿，不必使用移交前的账簿。（ ）

9．《会计法》中所称的单位负责人均指法定代表人。（ ）

10．根据《会计法》的规定，单位内部会计监督的对象是会计机构和会计人员。（ ）

11．企业实际发生的一切经济事项都需要进行会计记录和会计核算。（ ）

12．在我国，企业可根据自身情况划分会计年度，但一经采用后不得随意变动。（ ）

13．会计机构、会计人员对不真实、不合法的原始凭证，有权不予受理，并向单位负责人报告。（ ）

14．原始凭证金额出现错误，不得更正，只能由原始凭证开具单位重开。（ ）

15．经涂改的原始凭证不能作为填制记账凭证或登记会计账簿的依据。（ ）

16．登记会计账簿时发现数字错误，应划去整个数字中的错误数字，并由会计人员和会计机构负责人在更正处盖章，以明确责任。（ ）

17．内部牵制制度是指凡是涉及款项和财物收付、结算及登记的任何一项工作，必须由两人或两人以上分工办理，以起到相互制约作用的一种工作制度。（ ）

18．会计资料移交后，如发现是在移交人经办会计工作期间内所发生的问题，应由原移交人员负责。（ ）

19．根据《会计基础工作规范》规定，会计人员的工作岗位应当有计划地进行轮换。（ ）

20．会计人员办理移交手续前，对于尚未登记的账目，应当登记完毕，并在最后一笔余额后加盖经办人员印章。（ ）

四、案例分析题（不定项选择）

1．振光有限责任公司是一家中外合资经营企业，2018 年度发生了以下事项：

（1）公司收到一张应由公司与乙公司共同负担费用支出的原始凭证，公司会计人员张某以该原始凭证及应承担的费用进行账务处理，并保存该原始凭证；同时应乙公司的要求，将该原始凭证复制件提供给乙公司用于账务处理。

（2）3 月 5 日，公司会计科一名档案管理人员生病临时交接工作，胡某委托单位出

纳员李某临时保管会计档案。

（3）6 月 30 日，公司有一批保管期满的会计档案，按规定需要进行销毁。公司档案管理部门编制了会计档案销毁清册，档案管理部门的负责人在会计档案销毁清册上签了字，并于当天销毁。

根据上述资料，回答下列问题：

（1）根据事项（1），一张原始凭证所列支出需由两个以上单位共同负担时，下列做法正确的是（　　）。

A．由保存该原始凭证的单位开具原始凭证分割单给其他应负担单位

B．在记账时加以注明即可

C．由双方共同加以说明即可

D．由保存该原始凭证的单位出具复印件给其他应分割单位

（2）根据事项（2），下列表述正确的有（　　）。

A．会计科档案管理人员，是会计工作岗位

B．会计科档案管理人员，不是会计工作岗位

C．出纳员可以临时保管会计档案

D．出纳员不能临时保管会计档案

（3）出纳员不得兼管（　　）账目的登记工作。

A．稽核　　B．收入

C．费用　　D．会计档案保管

（4）一般的会计工作人员交接，由（　　）负责监交。

A．单位负责人　　B．总会计师

C．会计机构负责人　　D．会计主管人员

（5）根据事项（3），下列关于会计档案销毁的说法中，表述正确的有（　　）。

A．公司档案部门销毁会计档案的做法不符合规定

B．会计档案保管期满需要销毁的，要由本单位档案部门提出意见

C．应编制会计档案销毁清单，并经单位负责人在会计档案销毁清册上签字

D．销毁时要由单位档案部门和会计部门共同派人监销

2．家美公司是我国某市一家外商独资企业，某年发生以下事项：

（1）该公司平常采用英镑记账，期末使用人民币编制财务会计报表。

（2）由于公司董事长兼总经理杰克居住在英国，为提高信息披露效率，经公司董事会研究决定，公司对外报送的财务会计报告由财务经理姜某签字、盖章后报出，不再由董事长杰克签章。

（3）公司从外地购进一批原材料，收到发票后，公司的经办人员李某发现发票上记载的日期有误，于是对发票的日期进行了更改，并在更改处加盖了自己的印章，作为报销

凭证。

根据上述资料，回答下列问题：

（1）该企业期末编制财务报表应当使用（　　）。

A．英镑　　B．人民币

C．美元　　D．欧元

（2）公司对外报出的财务会计报告，应当签章的主体有（　　）。

A．单位负责人　　B．会计机构负责人

C．主管会计工作的负责人　　D．总会计师

（3）单位负责人等相关人员在财务会计报告上签章的下列做法中，符合规定的是（　　）。

A．签名　　B．签章

C．签名或盖章　　D．签名并盖章

（4）在中国境内的外商投资企业，使用会计记录文字符合规定的是（　　）。

A．只能使用中文，不能使用其他文字

B．只能使用外文

C．在中文和外文中选择一种

D．使用中文，同时可以选择一种外文

（5）针对公司经办人员李某更改日期的做法，下列表述中正确的是（　　）。

A．符合规定，原始凭证有错误的，应当由接收单位重开或更正，更正处应该加盖接收单位印章

B．不符合规定，原始凭证有错误的，应当由出具单位重开或更正，更正处应该加盖出具单位印章

C．不符合规定，应当由出具单位重开，不得在原始凭证上更正

D．不符合规定，应当由接收单位重开，不得在原始凭证上更正

第二章　支付结算法律制度

【引　言】

支付结算是指单位、个人在社会经济活动中使用票据、银行卡和汇兑、托收承付、委托收款、网上支付等结算方式进行货币给付及其资金清算的行为。支付结算与一般的货币给付行为不同，必须通过法定的中介机构——银行进行。本章我们就现金结算、银行结算账户、票据结算、银行卡、汇兑、网上支付等知识进行学习。

【学习目标】

◎ 了解支付结算的概念、基本要求和基本原则，掌握票据和结算凭证的填写方法。
◎ 了解现金结算的概念、特点、渠道和范围，明确现金使用的限额和基本要求，熟悉现金结算与内部控制制度。
◎ 了解银行结算账户的概念和种类，掌握银行结算账户的开立、变更和撤销方法，了解银行账户结算管理的方法，以及违反银行账户结算管理制度的罚则。
◎ 了解票据结算的概念和种类，熟悉各种票据的特点和基本规定。
◎ 了解银行卡的概念和种类，熟悉银行卡账户与交易的相关规定。
◎ 了解汇兑的概念和种类，掌握汇兑的办理、撤销及退汇的方法。
◎ 了解网上银行的概念、种类和主要功能，熟悉网上银行业务流程及交易时的身份认证。
◎ 了解第三方支付的概念和种类，熟悉第三方支付的交易流程、交易时的身份认证，以及第三方支付机构及支付账户的管理规定。

第一节　支付结算概述

一、支付结算的概念和基本原则

（一）支付结算的概念

支付结算是指单位、个人在社会经济活动中使用现金、票据、银行卡和汇兑、网上支付等结算方式进行货币给付及资金清算的行为，其主要功能是完成资金从一方当事人向另一方当事人的转移。

支付结算与一般的货币给付行为不同，必须通过法定的中介机构进行。《支付结算办法》第 6 条规定：“银行是支付结算和资金清算的中介机构。”

（二）支付结算的基本原则

单位、个人和银行结算办理支付结算时必须遵守下列原则：

（1）恪守信用、履约付款。即遵守承诺，到期按约定的时间和金额付款。

（2）谁的钱进谁的账，由谁支配。这主要在于维护存款人对存款资金的所有权，保证其对资金支配的自主权。

（3）银行不垫款。银行办理支付结算时，只负责将款项从付款人账户划转到收款人账户，银行只是办理支付结算的中介机构，不为任何单位或个人垫付款项。

上述三个原则，既可单独发挥作用，亦是一个有机的整体，分别从不同角度强调了付款人、收款人和银行在结算过程中的权利、义务，从而切实保障了结算活动的正常进行。

二、办理支付结算的基本要求

根据《支付结算办法》的规定，办理支付结算时应符合如下基本要求

1. 支付结算凭证必须合法

单位、个人和银行办理支付结算，必须使用按中国人民银行统一规定印制的票据凭证和统一规定的结算凭证。未使用按统一规定印制的票据和结算凭证，则票据无效，结算凭证银行不受理。

2. 账户的开立和使用必须合法

单位、个人和银行应当按《人民币银行结算账户管理办法》的规定开立、使用账户。单位要通过银行办理支付结算，必须先在银行开立结算账户。

3. 支付结算凭证的记载事项必须真实、合法

票据和结算凭证上的签章和记载事项必须真实，不得变造、伪造。单位、银行在票据上的签章和单位在结算凭证上的签章，为该单位、银行的盖章加其法定代表人或者其授权的代理人的签名或者盖章。个人在票据和结算凭证上的签章，为个人本人的签名或者盖章。

伪造是指无权限人假冒他人或虚构他人名义签章的行为。变造是指无权限人更改票据内容，对票据上签章以外的记载事项加以改变的行为。变造票据的方法多是在真实、合法票据的基础上，对票据加以挖补、覆盖、涂改、剪接，从而非法改写票据的记载事项。伪造、变造票据属于欺诈行为，应追究相关人员的刑事责任。但签章的变造属于伪造，票据上有伪造、变造的签章，不影响票据上其他当事人真实签章的效力。

4. 支付结算凭证的填写应当规范

填写票据和结算凭证应当规范，做到要素齐全，数字正确，字迹清晰，不错不漏，不潦草，防止涂改。

【例题 2-1 · 简答题】一张支票金额为柒万捌仟元整，现更改为玖万捌仟元整。请问这张支票有效吗？

【答案解析】无效。因为更改的票据无效。填写票据和结算凭证应当规范，做到要素齐全，数字正确，字迹清晰，不错不漏，不潦草，防止涂改。

【例题 2-2 · 多选题】下列关于单位在票据上签章的说法中，表述正确的有（　　）。

A. 为单位的盖章和法定代表人的签名

B. 为单位的盖章和法定代表人的签名加盖章

C. 为单位的盖章和法定代表人授权的代理人的签名

D. 为单位的盖章和法定代表人授权的代理人的盖章

【正确答案】ACD

【答案解析】选项 B，为单位的盖章和法定代表人的签名“或”盖章。

【例题 2-3 · 多选题】下列关于伪造票据的说法中，表述不正确的有（　　）。

A. 伪造票据是对合法票据进行了挖补、覆盖、修改

B. 变造票据是假冒他人或虚构他人签章

C. 票据上有伪造变造签章的，不影响票据上其他当事人真实签章的效力

D. 票据上有伪造变造签章的，影响票据上其他当事人真实签章的效力

【正确答案】ABD

【答案解析】选项 A，“伪造”是指无权限人假冒他人或虚构他人名义“签章”的行为；选项 B，“变造”是指无权更改票据内容的人，对票据上“签章以外”的记载事项加以改变的行为；选项 D，票据上有伪造变造签章的，不影响票据上其他当事人真实签章的效力。

三、票据和结算凭证的填写

票据和结算凭证是银行、单位和个人凭以记账的会计凭证，是记载经济业务和明确经济责任的一种书面证明。

票据和结算凭证是办理支付结算和现金收付的重要依据，直接关系到支付结算的准确、及时和安全。因此，票据和结算凭证的填写必须做到标准化、规范化。根据《正确填写票据和结算凭证的基本规定》的规定，具体应符合如下要求。

（一）中文大写金额的书写

（1）中文大写金额数字应用正楷或行书填写，如壹、贰、叁、肆、伍、陆、柒、捌、玖、拾、佰、仟、万、亿、元、角、分、零、整（正）等字样。不得用一、二（两）、三、四、五、六、七、八、九、十、毛、另（或 0）填写，不得自造简化字。此外，金额数字

书写中也可使用繁体字。

提示

“万”字和“亿”字不同，“万”字无单人旁。

（2）中文大写金额数字到“元”为止的，在“元”之后应写“整”（或“正”）字，不写“零角零分”；在“角”之后可以不写“整”（或“正”）字；大写金额数字有“分”的，“分”后面不写“整”（或“正”）字。例如，532.00 可写为：伍佰叁拾贰元正，“正”写为“整”字也可以，不能写为：伍佰叁拾贰元零角零分；532.30 可写为：伍佰叁拾贰元三角正（“正”字可不写）；532.35 可写为：伍佰叁拾贰元三角伍分。

（3）中文大写金额数字前应标明“人民币”字样，大写金额数字应紧接“人民币”字样填写，不得留有空白。大写金额数字前未印“人民币”字样的，应加填“人民币”三字。

（二）阿拉伯小写金额数字的书写

阿拉伯小写金额数字前面均应填写人民币符号“¥”。阿拉伯小写金额数字中有“0”时，中文大写应按照汉语语言规律、金额数字构成和防止涂改的要求进行书写，具体情况为：

（1）阿拉伯小写金额数字中间有“0”时，中文大写金额要写“零”字。例如，¥8 067 元可写为：人民币捌仟零陆拾柒元正（或整）。

（2）阿拉伯小写金额数字中间连续有几个“0”时，中文大写金额中间可以只写一个“零”字。例如，¥80 001.34 元可以写为：人民币捌万零壹元叁角肆分。

（3）阿拉伯小写金额数字元位是“0”，但角位不是“0”时，中文大写金额中可以写“零”字，也可以不写“零”字。例如，¥800 000.30 元可写为：人民币捌拾万元零叁角或捌拾万元三角；又如，¥7 560.31 元可写为：人民币柒仟伍佰陆拾元零叁角壹分或人民币柒仟伍佰陆拾元叁角壹分。

（4）阿拉伯小写金额数字角位是“0”，而分位不是“0”时，中文大写金额“元”后面应写“零”字。例如，¥800.06 元可写为：人民币捌佰元零陆分。

知识链接

票据和结算凭证金额以中文大写和阿拉伯数码同时记载时，二者必须一致，二者不一致的票据无效；二者不一致的结算凭证，银行不予受理。少数民族地区和外国驻华使领馆根据实际需要，金额大写可以使用少数民族文字或者外国文字。

【例题 2-4·分析题】某公司出纳员小邓在开具转账支票时只写了小写金额 15 200 元，后来该支票遗失，随后公司账上被划走了 9 915 200 元。造成公司损失的原因是什么？

【答案解析】阿拉伯小写金额数字前面没有填写人民币符号“¥”。另外，小邓不在支票上填写中文大写金额也是严重违反财经纪律的行为。

（三）填制票据和凭证出票日期的书写

为防止更改票据的出票日期，票据的出票日期必须使用中文大写，具体规定如下：

（1）票据的出票日期必须使用中文大写。月为壹、贰和壹拾的，日为壹至玖和壹拾、贰拾和叁拾的，应在其前加“零”；日为拾壹至拾玖的，应在其前加“壹”。例如，2 月 12 日，应写成零贰月壹拾贰日；10 月 20 日，应写成零壹拾月零贰拾日。

（2）票据出票日期使用小写填写的，银行不予受理。大写日期未按要求规范填写的，银行可予受理，但由此造成损失的，由出票人自行承担。如图 2-1 所示，为支付结算凭证示例。

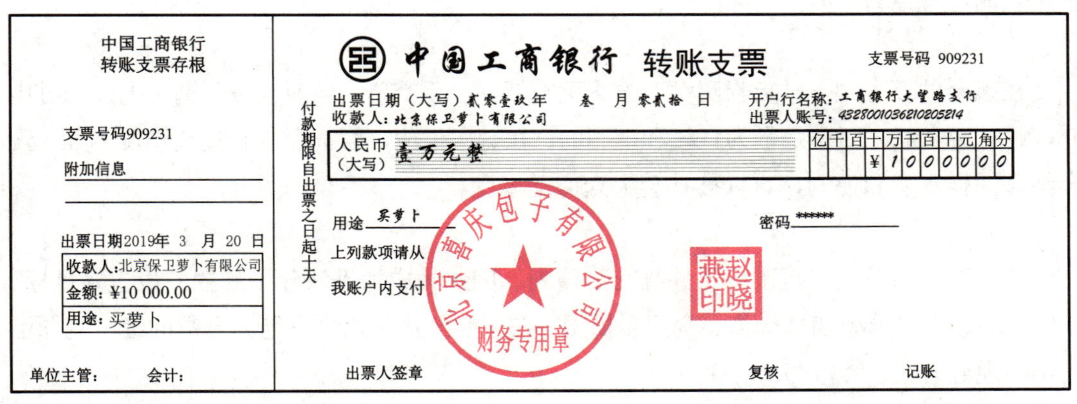
中国工商银行
转账支票存根
支票号码909231
附加信息
出票日期2019年 3 月 20 日
收款人:北京保卫萝卜有限公司
金额: ¥10 000.00
用途: 买萝卜
单位主管:　　会计:

中国工商银行　转账支票　　支票号码 909231
付款期限自出票之日起十天
出票日期（大写）贰零壹玖年　叁　月　零贰拾　日　　开户行名称：工商银行大望路支行
收款人：北京保卫萝卜有限公司　　出票人账号：4328001036210205214
人民币（大写）　壹万元整

亿	千	百	十	万	千	百	十	元	角	分
			¥	1	0	0	0	0	0	0

用途　买萝卜　　密码 ******
上列款项请从
我账户内支付
北京喜庆包子有限公司 财务专用章　　赵燕印晓
出票人签章　　复核　　记账

图 2-1　支付结算凭证的填写示例图

【例题 2-5·多选题】下列中文数字大写正确的有（　　）。

A. ¥1 508.60 写为人民币壹仟伍佰零捌元陆角

B. ¥7 006.55 写为人民币柒仟元零陆元伍角伍分

C. ¥208 000.13 写为人民币贰拾万捌仟元零壹角叁分

D. ¥225.42 写为人民币贰佰贰拾伍元肆角贰分

【正确答案】ACD

【答案解析】选项 B，正确的写法是人民币柒仟零陆元伍角伍分。

第二节　现金结算

一、现金结算的概念与特点

（一）现金结算的概念

现金结算是指在商品交易、劳务供应等经济往来中，直接使用现金进行应收应付款结算的一种行为。现金结算在我国主要适用于单位与个人之间的款项收付，以及单位之间的转账结算起点金额以下的零星小额收付。

（二）现金结算的特点

与银行转账支付结算相比，现金结算具有直接便利、不安全性、不易宏观控制和管理、费用较高等特点。

1. 直接便利性

在现金结算方式下，货物买卖双方一手交钱、一手交货，当面钱货两清，无须通过中介，这对买卖双方而言是最为直接和便利的；在劳务供应、信贷存放和资金调度方面，现金结算同样直接和便利，可以被社会大众广泛接受。

2. 不安全性

由于现金结算使用范围广泛并且交易便利，因此其成为不法分子觊觎的最主要目标。同时，现金也十分容易被偷盗、贪污和挪用。在现实经济生活中，绝大多数的经济犯罪活动都与现金有关。

3. 不易宏观控制和管理

现金结算大部分不需要通过银行进行，因此国家很难对现金进行宏观控制。例如，过多地使用现金结算会使流通的现钞过多，容易造成通货膨胀。

4. 费用较高

一方面，现金的清点、运送、保管成本较高；另一方面，过多的现金结算增大了整个国家印制和回收废旧现钞等工作的成本，浪费了大量人力、物力和财力。

二、现金结算的渠道

现金结算的渠道有两种：① 付款人直接将现金支付给收款人；② 付款人委托银行、非银行金融机构或者非金融机构将现金支付给收款人。

三、现金结算的范围

开户单位可以在下列范围内使用现金：

（1）职工工资、津贴。

（2）个人劳务报酬。

（3）根据国家规定颁发给个人的科学技术、文化艺术、体育等各种奖金。

（4）各种劳保、福利费用以及国家规定的对个人的其他支出。

（5）向个人收购农副产品和其他物资的价款。

（6）出差人员必须随身携带的差旅费。

（7）结算起点以下的零星支出。

（8）中国人民银行确定需要支付现金的其他支出。

上述款项结算起点为1 000元。结算起点的调整，由中国人民银行确定，报国务院备案。除上述第（5）（6）项外，开户单位支付给个人的款项，超过使用现金限额的部分，应当以支票或者银行本票支付；确需全额支付现金的，经开户银行审核后，予以支付现金。

【例题2-6·多选题】下列事项中，开户单位可以使用现金的有（　　）。

A. 发给公司甲某的800元奖金

B. 支付给公司临时工王某的2 000元劳务报酬

C. 向农民收购农产品的1万元收购款

D. 出差人员出差必须随身携带的2 000元差旅费

【正确答案】ACD

【答案解析】1 000元结算起点以上的除了向个人收购农副产品和其他物资的价款和出差人员必须随身携带的差旅费以外，不能使用现金。

四、现金使用的限额

现金使用的限额是指为了保证开户单位日常各项零星开支的需要，允许开户单位保存现金的最高数额。现金使用的限额由开户单位提出计划，报其开户银行审批。经核定的库存现金限额，开户单位必须严格遵守，超过限额部分应于当日终了前送存银行。

现金使用的限额，由开户行根据单位的实际需要核定，一般按照单位3至5天日常零星开支所需确定。边远地区和交通不便地区的开户单位的库存现金限额，可按多于5天、但不得超过15天的日常零星开支的需要确定。经核定的库存现金限额，开户单位必须严格遵守。

对没有在银行单独开立账户的附属单位也要实行现金管理，必须保留的现金，也要核定限额，其限额包括在开户单位的库存限额之内。商业和服务行业的找零备用现金也要根据营业额核定定额，但不包括在开户单位的库存现金限额之内。

【例题 2-7 • 多选题】关于现金管理中现金使用的限额，下列表述正确的有（　　）。

A. 开户银行应当根据实际需要，核定开户单位 3 天至 5 天的日常零星开支所需的库存现金限额

B. 边远地区开户单位的库存现金限额，可以多于 5 天，但不得超过 10 天

C. 开户单位需要增加或减少库存现金限额的，应当向开户银行提出申请，由开户银行核定

D. 超市找零备用现金也属于库存现金限额，因此也需要核定

【正确答案】AC

【答案解析】选项 B，边远地区开户单位的库存现金限额，可以多于 5 天，但不得超过 15 天；选项 D，超市找零备用现金不属于库存现金限额，但是也是需要核定的。

五、现金收支的基本要求

《现金管理暂行条例》及其实施细则规定，开户单位现金收支应当依照下列规定办理：

（1）开户单位现金收入应于当日送存开户银行，当日送存确有困难的，由开户银行确定送存时间。

（2）开户单位支付现金，可以从本单位库存现金限额中支付或者从开户银行提取，不得从本单位的现金收入中直接支付（即不得“坐支”现金）。因特殊情况需要坐支现金的单位，应当事先报经开户银行审查批准，由开户银行核定坐支范围和限额。

（3）根据规定，开户单位从开户银行提取现金时，应当如实写明用途，由本单位财会部门负责人签字盖章，并经开户银行审查批准后予以支付。

（4）因采购地点不确定、交通不便、抢险救灾及其他特殊情况，办理转账结算不够方便，必须使用现金的开户单位，应向开户银行提出申请，由本单位财会部门负责人签字盖章，开户银行审查批准后，予以支付现金。

（5）开户单位有下列情形之一的，开户银行应当依照中国人民银行的规定，予以警告或者罚款；情节严重的，可在一定期限内停止对该单位的贷款或者停止对该单位的现金支付：① 对现金结算给予比转账结算优惠待遇的；② 拒收支票、银行汇票和银行本票的；③ 不采取转账结算方式购置国家规定的专项控制商品的；④ 用不符合财务会计制度规定的凭证顶替库存现金的；⑤ 用转账凭证套换现金的；⑥ 编造用途套取现金的；⑦ 互相借用现金的；⑧ 利用账户替其他单位和个人套取现金的；⑨ 将单位的现金收入按个人储蓄方式存入银行的；⑩ 保留账外公款的。

六、建立健全现金核算与内部控制

为确保现金的安全，管理好现金，各单位一方面应严格遵守国家有关现金管理制度的规定，接受开户银行的现金管理和监督检查；另一方面，从本单位内部管理角度来说，也应当加强对现金的管理，建立健全现金管理的内部控制制度，实行严格的内部管理，严防现金收支差错及偷盗、贪污、挪用行为。单位现金管理的内部控制制度一般包括以下几个方面。

1．货币资金业务岗位责任制

明确各岗位的职责权限，确保不相容岗位相互分离、制约和监督。各单位实行钱账分管制度，即管钱的不管账，管账的不管钱，这是单位现金管理的一个基本原则。各单位应当配备专职或兼职的出纳人员，负责办理现金收付业务和现金保管业务，非出纳人员不得兼管现金收付业务和现金保管业务；出纳人员不得兼管稽核、会计档案保管和收入、费用、债权、债务账目的登记工作。建立钱账分管制度，可以使出纳人员和会计人员相互牵制、相互监督，从而减少错误和贪污舞弊的可能性。

2．货币资金业务授权批准制度

首先，各单位必须明确现金开支范围，按企业内容制定各种报销凭证，并规定报销凭证的使用方法及各种凭证的传递手续等具体办法。其次，各单位需确定各种现金开支业务的授权批准权限，对于重要的现金支付业务实行集体决策和审批等。最后，严格执行现金支付业务办理程序。

3．日清月结制度

日清月结是指出纳人员办理现金收付业务时，必须做到按日清理、按月结账，其关键在于坚持按日清理。日清月结是出纳人员办理现金收付的基本原则和要求，也是避免长款、短款的重要措施。出纳人员须每日对当日的经济业务进行清理，全部登记日记账，结出库存现金账面余额，并与库存现金实际盘点数核对相符。经实际盘点后发现实际库存现金超过库存限额，出纳人员应填写“现金缴款单”，将超过部分及时送存开户银行。

4．现金清查制度

为了加强对出纳工作的监督，及时发现可能发生的现金差错，防止贪污、盗窃、挪用公款等不法行为发生，确保库存现金的安全完整，各单位应当建立库存现金清查制度。一般来说，现金清查多采用突击盘点法，不预先通知出纳人员，以防其预先做手脚。清查时，出纳人员应始终在场，并予以积极配合；清查结束后，由经手人员填制“现金清查报告表”，由清查小组人员及出纳人员签章，报有关部门或负责人处理。

5．现金管理制度

开户单位收入现金应于当日送存开户银行，当日送存确有困难的，由开户银行确定送存时间；日常业务收付的现金及限额内的库存现金，一律存放在专用保险柜内；单位的库存现金不准以个人名义存入银行，不准保留账外公款；对库存现金应实行分类保管；不准用不符合制度规定的凭证顶替库存现金，即不得“白条抵库”；对库存现金实行分类保管；保险柜应设立配备使用制度。

七、违反《现金管理暂行条例》的处罚

开户单位如违犯《现金管理暂行条例》，开户银行有权责令其停止违法活动，并根据情节轻重给予警告或罚款。有下列情况之一的，给予警告并处以罚款：

（1）超出规定范围和限额使用现金的，按超过额的10%～30%处罚。

（2）超出核定的库存现金限额留存现金的，按超出额的10%～30%处罚。

（3）用不符合财务制度规定的凭证顶替库存现金的，按凭证额10%～30%的处罚。

（4）未经批准坐支或者未按开户银行核定坐支额度和使用范围坐支现金的，按坐支金额的10%～30%处罚。

（5）单位之间互相借用现金的，按借用金额的10%～30%处罚。

有下列情况之一的，一律处以罚款：

（1）保留账外公款的，按保留金额的10%～30%处罚。

（2）对现金结算给予比转账结算优惠待遇的，按交易额的10%～50%处罚。

（3）只收现金拒收支票、银行汇票、本票的，按交易额的10%～50%处罚。

（4）开户单位不采取转账结算方式购置国家规定的专项控制商品的，按购买金额50%至全额对买卖双方处罚。

（5）用转账凭证套取现金的，按套取金额的30%～50%处罚。

（6）编造用途套取现金的，按套取金额的30%～50%处罚。

（7）利用账户替其他单位和个人套取现金的，按套取金额的30%～50%处罚。

（8）将单位的现金收入以个人储蓄方式存入银行的，按存入金额的30%～50%处罚。

（9）发行变相货币和以票券代替人民币在市场流通的，按发行额或流通额的30%～50%处罚。

开户单位如对开户银行的处罚决定不服，必须首先按照处罚决定执行，然后在10日内向当地人民银行申请复议；各级人民银行应自收到复议申请之日起30日内作出复议决定。开户单位如对复议决定不服，应自收到复议决定之日起30日内向人民法院起诉。

开户银行不执行或违反《现金管理暂行条例》及其细则，由当地人民银行负责查处；当地人民银行根据其情节轻重，可给予警告、追究行政领导责任直至停止其办理现金结算业务等处罚。

【例题2-8·多选题】下列关于现金管理的说法中错误的为（　　）。

A. 企业一律不得坐支现金

B. 企业在实际经营中，因回收货款的需要，可以对现金结算给予比转账结算更优惠的待遇

C. 对审批人越权审批的货币资金业务，经办人有权拒绝办理，并及时向会计机构负责人报告

D. 单位现金管理要做到钱账分管，相互牵制，相互监督

【正确答案】ABC

【答案解析】选项A，因特殊情况需坐支现金的，应事先报开户银行审查批准；选项B，不可以对现金结算给予比转账结算更优惠的待遇；选项C，应向“审批人的上级授权部门”报告。

第三节　银行结算账户

一、银行结算账户的概念

银行结算账户是指存款人在经办银行开立的办理资金收付结算的人民币活期存款账户。存款人是指开立银行结算账户的单位和个人，包括公司、企业、事业单位、个体工商户和自然人。

银行结算账户是资金从一方当事人（付款人）向另一方当事人（收款人）转移的起点和终点，单位或个人之间的人民币转账结算离不开银行结算账户。

二、银行结算账户的种类

银行结算账户按存款人不同，可分为单位银行结算账户和个人银行结算账户。其中，单位银行结算账户按用途不同，分为基本存款账户、一般存款账户、专用存款账户和临时存款账户。个人银行结算账户是存款人因投资、消费、结算等而凭个人身份证件以自然人名称开立的可办理支付结算业务的银行结算账户。个人银行结算账户用于办理个人转账收付和现金存取。

银行结算账户根据开户地的不同，分为本地银行结算账户和异地银行结算账户。

（一）基本存款账户

1. 基本存款账户的概念

基本存款账户是存款人因办理日常转账结算和现金收付需要开立的银行结算账户。基本存款账户是存款人的主办账户，存款人日常经营活动的资金收付及其工资、奖金和现金的支取，应通过该账户办理。

2．基本存款账户的适用范围

根据《人民币银行结算账户管理办法》的有关规定，下列存款人可以申请开立基本存款账户：企业法人；非法人企业；机关、事业单位；团级（含）以上军队、武警部队及分散执勤的支（分）队；社会团体；民办非组织；异地常设机构；外国驻华机构；个体工商户；居民委员会、村民委员会、社区委员会；单位设立的独立核算的附属机构；其他组织。

凡是具有民事权利能力和民事行为能力，并依法独立享有民事权利的法人和其他组织，均可以开立基本存款账户。同时，有些单位虽然不是法人组织，但具有独立核算资格，有自主办理资金结算的需要，也允许其开立基本存款账户，主要包括非法人企业（如具有营业执照的企业集团下属的分公司）、外国驻华机构、单位设立的独立核算的附属机构（如单位附属独立核算的食堂、招待所、幼儿园）等。

3．基本存款账户的开户要求

开立基本存款账户，应向银行出具下列证明文件：当地工商行政管理机关核发的《企业法人执照》或《营业执照》正本；中央或地方编制委员会、人事、民政等部门的批文；军队军级以上、武警总队财务部门的开户证明；单位对附设机构同意开户的证明；驻地政府主管部门对外地常设机构的批文；承包双方签订的承包协议；个人的居民身份证或户口簿。

知识链接

存款人只能在银行开立一个基本存款账户并且在其账户内应有足够的资金支付。开立基本存款账户是开立其他银行结算账户的前提。

【例题 2-9·分析题】2019 年 6 月 12 日，A 企业的财务人员持有关证件到甲银行营业部办理基本存款账户开立手续。甲银行工作人员审查相关证明文件后办理了基本存款账户开户手续。同日，该财务人员又持以上证件到乙银行要求开立一个基本存款账户，并要求与甲银行间转账。乙银行工作人员审查后，知 A 企业已在甲银行办理过基本存款账户开户手续，结果未予办理。A 企业财务人员的行为合法吗？乙银行工作人员的做法对吗？

【答案解析】A 企业财务人员的行为不符合账户管理的规定。《人民币银行结算账户管理办法》规定，存款人开立单位银行结算账户，自正式开立之日起 3 个工作日后，方可办理付款业务，且存款人只能在银行开立一个基本存款账户。乙银行工作人员严格执行这一规定，其做法是正确的。

（二）一般存款账户

1. 一般存款账户的概念

一般存款账户是存款人因借款或其他结算需要，在基本存款账户开户银行以外的银行营业机构开立的银行结算账户。

2. 一般存款账户的适用范围

一般存款账户用于办理存款人借款转存、借款归还和其他结算的资金收付。该账户可以办理现金缴存，但不得办理现金支取。

存款人开立一般存款账户没有数量限制，存款人可自主选择不同经营理念的银行，既能充分享受多家银行的特色服务，又能适应不同的经济往来对象，更为方便地使用不同银行提供的支付结算工具和手段。

3. 一般存款账户的开户要求

存款人申请开立一般存款账户，应向银行出具其开立基本存款账户规定的证明文件、基本存款账户开户登记证和下列证明文件：① 存款人因向银行借款需要，应出具借款合同；② 存款人因其他结算需要，应出具有关证明。

（三）专用存款账户

1. 专用存款账户的概念

专用存款账户是存款人按照法律、行政法规和规章，对其特定用途资金进行专项管理和使用而开立的银行结算账户。

2. 专用存款账户的适用范围

专用存款账户适用于存款人的基本建设资金，更新改造资金，财政预算外资金，粮、棉、油收购资金，证券交易结算资金，期货交易保证金，信托基金，金融机构存放同业资金，政策性房地产开发资金，单位银行卡备用金，住房基金，社会保障基金，收入汇缴资金和业务支出资金，党、团、工会设在单位的组织机构经费，其他需要专项管理和使用的资金。

收入汇缴资金和业务支出资金，是指基本存款账户存款人附属的非独立核算单位或派出机构发生的收入和支出的资金。因收入汇缴资金和业务支出资金开立的专用存款账户，应使用隶属单位的名称。

3. 专用存款账户的开户要求

存款人申请开立专用存款账户，应向银行出具其开立基本存款账户规定的证明文件、基本存款账户开户登记证和有关证明文件。

（四）临时存款账户

1. 临时存款账户的概念

临时存款账户是指存款人因临时需要并在规定期限内使用而开立的银行结算账户。临时存款账户主要针对不同社会主体的不同经营活动的临时结算。

2. 临时存款账户的适用范围

有下列情况的，存款人可以申请开立临时存款账户：① 设立临时机构；② 异地临时经营活动；③ 注册验资；④ 境外（含港澳台地区）机构在境内从事经营活动等。

临时存款账户用于办理临时机构及存款人临时经营活动发生的资金收付。临时存款账户支取现金，应按照国家现金管理的规定办理。注册验资的临时存款账户在验资期间只收不付。临时存款账户的有效期最长不得超过2年。

3. 临时存款账户的开户要求

存款人申请开立临时存款账户，应向银行出具相应的证明文件。如在异地从事临时经营活动的单位，应出具其营业执照正本及临时经营地工商行政管理部门的批文。

（五）个人银行结算账户

1. 个人银行结算账户的概念

个人银行结算账户是存款人因投资、消费、结算等而凭个人身份证件以自然人名称开立的可办理支付结算业务的银行结算账户。

邮政储蓄机构办理银行卡业务开立的账户，纳入个人银行结算账户管理。自然人可根据需要申请开立个人银行结算账户，也可以在已开立的储蓄账户中选择并向开户银行申请确认为个人银行结算账户。

2. 个人银行结算账户的适用范围

个人结算账户用于办理个人转账收付和现金收取。中国人民银行对个人银行结算账户所提供的金融服务分为三大功能：① 活期储蓄功能，可以通过个人结算账户存取存款本金和支取利息；② 普通转账结算功能，通过开立个人银行结算账户，办理汇款；③ 个人结算账户区别于储蓄账户，储蓄账户仅限于办理现金存取业务，不得办理转账结算。

3. 个人银行结算账户的开户要求

使用支票、信用卡等信用支付工具的，办理汇兑、定期借记、定期贷记、借记卡等结算业务的，可以申请开立个人银行结算账户，并向银行出具相应的证明文件。

（六）异地银行结算账户

1. 异地银行结算账户的概念

异地银行结算账户是指存款人根据规定的条件在异地（跨省、市、县）开立的银行结算账户。

2. 异地银行结算账户的适用范围

根据《人民币银行结算账户管理办法》的规定，单位或个人只要有下列情形之一，就可在异地开立相应的银行结算账户：

（1）营业执照注册地与经营地不在同一行政区域（跨省、市、县）需要开立基本存款账户的。

（2）办理异地借款和其他结算需要开立一般存款账户的。

（3）存款人因附属的非独立核算单位或派出机构发生的收入汇缴或业务支出需要开立专用存款账户的。

（4）异地临时经营活动需要开立临时存款账户的。

（5）自然人根据需要在异地开立个人银行结算账户的。

3．异地银行结算账户的开户要求

开立异地银行结算账户应按照规定的程序办理并提交有关证明文件。

【例题 2-10・分析题】某企业在南昌市的建设银行开立了基本存款账户，现从宜春市的工商银行取得了借款。该企业要在宜春市的工商银行开立一般存款账户吗？

【答案解析】根据《人民币银行结算账户管理办法》的规定，该企业需要在宜春市的工商银行开立一般存款账户。

三、银行结算账户管理的基本原则

（一）一个基本账户原则

单位银行结算账户的存款人只能在银行开立一个基本存款账户，不得为还贷、还款和套取现金而多头开立基本存款账户。

（二）自主选择原则

存款人可以根据需要自主选择银行，开立银行结算账户，除国家法律、行政法规和国务院另有规定外，任何单位和个人不得强令存款人到指定银行开立银行结算账户。这一原则可以保护存款人作为经济主体应有的自主选择权，也有效防范银行间的不正当竞争和行业腐败行为。

（三）守法合规原则

银行结算账户的开立和使用应遵守法律、行政法规，不得利用银行结算账户进行偷逃税款、套取现金及其他违法范围活动。

（四）存款信息保密原则

依据《人民币结算账户管理办法》的规定，对单位银行结算账户和个人银行结算账户的存款和有关资料，除国家法律、行政法规另有规定外，银行有权拒绝任何单位或个人查询。

【例题 2-11 · 多选题】下列关于银行结算账户的说法中，表述错误的有（　　）。

A. 任何单位和个人不得强令存款人到指定银行开立银行结算账户

B. 银行有权拒绝任何单位或个人查询

C. 银行不得为任何单位或者个人冻结、扣划款项，不得停止单位、个人存款的正常支付

D. 存款人均可以开立一个基本存款账户

【正确答案】ABCD

【答案解析】以上 ABC 三个选项的说法太绝对，注意其前提为“法律行政法规另有规定的除外”；D 选项应为单位存款人而非所有存款人。

四、银行结算账户的开立、变更和撤销

（一）银行结算账户的开立

存款人开立银行结算账户时，应填写开户申请书。银行与存款人须签订银行结算账户管理协议，明确双方的权利和义务。银行审查后符合开立账户条件的，应办理开户手续，并履行向人民银行当地分支行备案的义务。需要核准的，应及时报送人民银行核准。银行应建立存款人预留签章卡，并将签章卡式样和有关证明文件的原件或复印件留存归档。

知识链接

存款人开立单位银行结算账户，自正式开立之日起 3 个工作日后，方可使用该账户办理付款业务。但注册验资的临时存款账户转为基本存款账户和因借款转存开立的一般存款账户除外。

【例题 2-12 · 单选题】下列关于存款人开立银行结算账户的说法中，表述不正确的是（　　）。

A. 开立银行结算账户应填写开户申请书，并提交有关证明文件

B. 开立银行结算账户时，银行应与存款人签订银行结算账户管理协议，明确双方的权利与义务

C. 银行应将存款人的开立申请书、相关的证明文件进行审查，符合开户条件的应办理开户手续，并履行向银监会备案的义务

D. 银行应建立存款人预留签章卡片，并将签章式样和有关证明文件的原件或复印件留存归档

【正确答案】C

【答案解析】银行应将存款人的开立申请书、相关的证明文件进行审查，符合开户条件的应办理开户手续，并履行向中国人民银行当地分支行备案的义务。

（二）银行结算账户的变更

银行结算账户的变更是指存款人的账户信息资料（存款人名称、单位法定代表人或主要负责人、住址及其他开户资料）发生的变化或改变，主要为存款人名称、单位法定代表人、住址及其他开户资料的变更。

存款人更改名称，但不改变开户银行及账号的，应于5个工作日内向开户银行提出银行结算账户的变更申请，并出具有关部门的证明文件。单位的法定代表人或主要负责人、住址及其他开户资料发生变更时，应于5个工作日内书面通知开户银行并提供有关证明。银行接到存款人的变更通知后，应及时办理变更手续，并于2个工作日内向中国人民银行报告。

【例题2-13・分析题】A公司的住址是中坤大厦甲13号，开户银行是工商银行海淀支行。现A公司的住址搬到文林大厦9号，开户银行不变。A公司的银行结算账户要做变更吗？

【答案解析】要。因为住址变更了，A公司应向开户银行工商银行海淀支行办理变更手续。

（三）银行结算账户的撤销

银行结算账户的撤销是指存款人因开户资格或其他原因终止银行结算账户使用的行为。

存款人有下列情形之一的，应向开户银行提出撤销银行结算账户的申请：

（1）被撤并、解散、宣告破产或关闭的。

（2）注销、被吊销营业执照的。

（3）因迁址需要变更开户银行的。

（4）其他原因需要撤销银行结算账户的。

存款人有上述第（1）或（2）项情形的，应于5个工作日内向开户银行提出撤销银行结算账户的申请。但存款人尚未清偿开户银行债务的，不得申请撤销银行账户。

知识链接

撤销银行结算账户时，应先撤销一般存款账户、专用存款账户、临时存款账户，将账户资金转入基本存款账户后，方可办理基本存款账户的撤销。

【例题 2-14·单选题】关于银行结算账户的变更与撤销，下列表述中不正确的是（　　）。

A. 存款人更改名称但不更改开户银行及账号，应于5个工作日内向开户银行提出变更申请，并出具相关证明

B. 单位的法定代表人发生变更时，应于3个工作日内书面通知开户银行并提供有关证明

C. 存款人因注销、被吊销营业执照的，应于5个工作日内向开户银行提出撤销银行结算账户的申请

D. 存款人撤销银行结算账户时应最后撤销基本存款账户

【正确答案】B

【答案解析】单位的法定代表人发生变更时，应于5个工作日内书面通知开户银行并提供有关证明。

五、违反银行账户结算管理制度的罚则

（一）存款人违反账户管理制度的处罚

（1）存款人在开立、撤销银行结算账户的过程中，有下列行为之一的，对于非经营性的存款人，给予警告并处以1 000元的罚款；对于经营性的存款人，给予警告并处以1万元以上3万元以下的罚款；构成犯罪的，移交司法机关依法追究刑事责任：① 违反规定开立银行结算账户；② 伪造、变造证明文件欺骗银行开立银行结算账户；③ 违反规定不及时撤销银行结算账户。

（2）存款人在使用银行结算账户的过程中，对于非经营性的存款人，有下列行为之一至五项的，给予警告并处以1 000元罚款；对于经营性的存款人，有下列行为之一至五项的，给予警告并处以5 000元以上3万元以下的罚款；存款人有下列第六项行为的，给予警告并处以1 000元的罚款：① 违反规定将单位款项转入个人银行结算账户；② 违反规定支取现金；③ 利用开立银行结算账户逃废银行债务；④ 出租、出借银行结算账户；⑤ 从基本存款账户之外的银行结算账户转账存入、将销货收入存入或现金存入单位信用卡账户；⑥ 法定代表人或主要负责人、存款人地址以及其他开户资料的变更事项未在规定期限内通知银行。

（3）伪造、变造、私自印制开户登记证的存款人，属非经营性的处以1 000元罚款；属经营性的处以1万元以上3万元以下的罚款；构成犯罪的，移交司法机关依法追究刑事责任。

（二）银行及其有关人员违反账户管理制度的处罚

（1）银行在银行结算账户的开立中，有下列行为之一的，给予警告，并处以 5 万元以上 30 万元以下的罚款；对该银行直接负责的高级管理人员、其他直接负责的主管人员、直接责任人员按规定给予纪律处分；情节严重的，中国人民银行有权停止对其开立基本存款账户的核准，责令该银行停业整顿或者吊销经营金融业务许可证；构成犯罪的，移交司法机关依法追究刑事责任：① 违反规定为存款人多头开立银行结算账户；② 明知或应知是单位资金，而允许以自然人名称开立账户存储。

（2）银行在银行结算账户的使用中，有下列行为之一的，给予警告，并处以 5 000 元以上 3 万元以下的罚款；对该银行直接负责的高级管理人员、其他直接负责的主管人员、直接责任人员按规定给予纪律处分；情节严重的，中国人民银行有权停止对其开立基本存款账户的核准；构成犯罪的，移交司法机关依法追究刑事责任：① 提供虚假开户申请资料欺骗中国人民银行许可开立基本存款账户、临时存款账户、预算单位专用存款账户；② 开立或撤销单位银行结算账户，未按规定在其基本存款账户开户登记证上予以登记、签章或通知相关开户银行；③ 违反规定办理个人银行结算账户转账结算；④ 为储蓄账户办理转账结算；⑤ 违反规定为存款人支付现金或办理现金存入；⑥ 超过期限或未向中国人民银行报送账户开立、变更、撤销等资料。

【例题 2-15 · 多选题】存款人的下列行为，中国人民银行可以给予 1 万元以上 3 万元以下罚款的有（　　）。

A. 经营性存款人违反规定开立银行结算账户

B. 经营性存款人违反规定支取现金

C. 经营性存款人违反规定变造开户登记证

D. 非经营性存款人违反规定不及时撤销银行结算账户

【正确答案】AC

【答案解析】非经营性的存款人的罚款一律是 1 000 元。

【例题 2-16 · 单选题】存款人违反规定将单位款项转入个人银行结算账户的，对于经营性的存款人，给予警告并处以（　　）的罚款。

A. 1 000 元　　B. 1 万元

C. 5 000 元以上 3 万元以下　　D. 1 万元以上 3 万元以下

【正确答案】C

【答案解析】对于使用过程中的违反规定的事项，对经营性存款人处以 5 000 元以上 3 万元以下的罚款。

第四节 票据结算

一、票据的概念和种类

票据是由出票人签发的、约定自己或者委托付款人在见票时或指定的日期向收款人或持票人无条件支付一定金额的有价证券。有价证券是指设定并证明持券人有权取得一定财产权利的书面证明凭证。

票据基本当事人有出票人、收款人和付款人。出票人是指依法定方式签发票据并将票据交付给收款人的人；收款人是指票据正面记载的到期后有权收取票据所载金额的人；付款人是指由出票人委托付款或自行承担付款责任的人。

在我国，票据包括汇票（商业汇票和银行汇票）、本票（银行本票）和支票三种。下面就银行汇票、商业汇票和支票进行详细介绍。

二、商业汇票

（一）商业汇票的概念和种类

商业汇票是指由出票人签发的，委托付款人在见票时或者在指定日期无条件支付确定的金额给收款人或持票人的票据。商业汇票的出票人为在银行开立存款账户的法人及其他组织。

商业汇票按承兑人的不同分为商业承兑汇票和银行承兑汇票两种（见图 2-2 和图 2-3）。

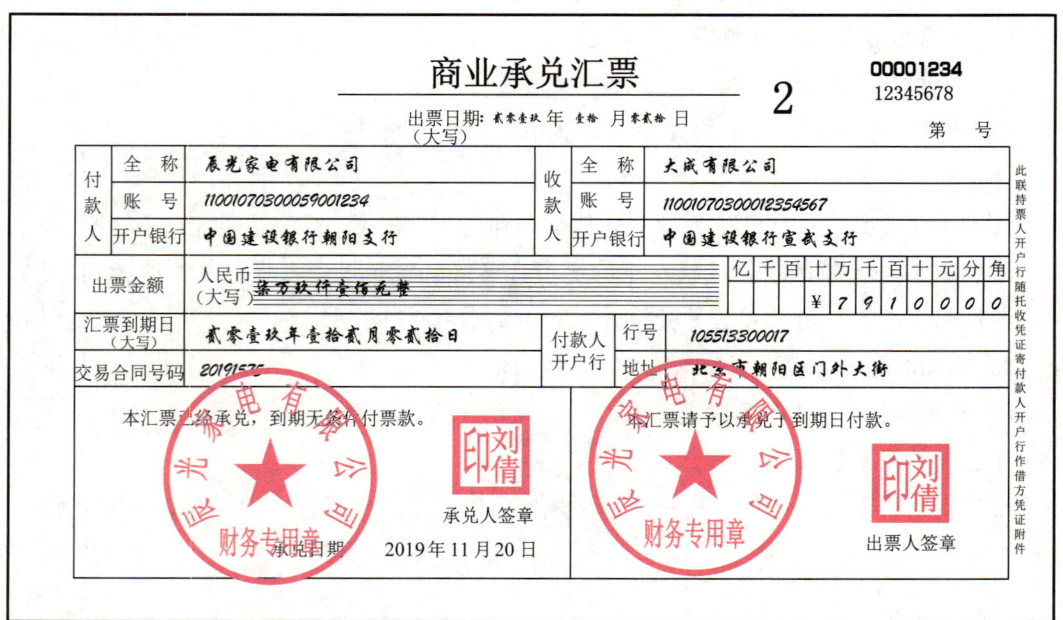

商业承兑汇票　2

00001234
12345678

出票日期：贰零壹玖 年 壹拾 月 零贰拾 日
（大写）

第　号

付款人	全　称	辰光家电有限公司	收款人	全　称	大成有限公司
	账　号	110010703000059001234		账　号	110010703000012354567
	开户银行	中国建设银行朝阳支行		开户银行	中国建设银行宣武支行

出票金额	人民币（大写）柒万玖仟壹佰元整	亿	千	百	十	万	千	百	十	元	分	角
					¥	7	9	1	0	0	0	0

汇票到期日（大写）	贰零壹玖年壹拾贰月零贰拾日	付款人开户行	行号	105513300017
交易合同号码	20191575		地址	北京市朝阳区门外大街

本汇票已经承兑，到期无条件付票款。
辰光家电有限公司 财务专用章
刘倩印
承兑人签章
承兑日期 2019年11月20日

本汇票请予以承兑于到期日付款。
辰光家电有限公司 财务专用章
刘倩印
出票人签章

此联持票人开户行随托收凭证寄付款人开户行作借方凭证附件

图 2-2　商业承兑汇票票样

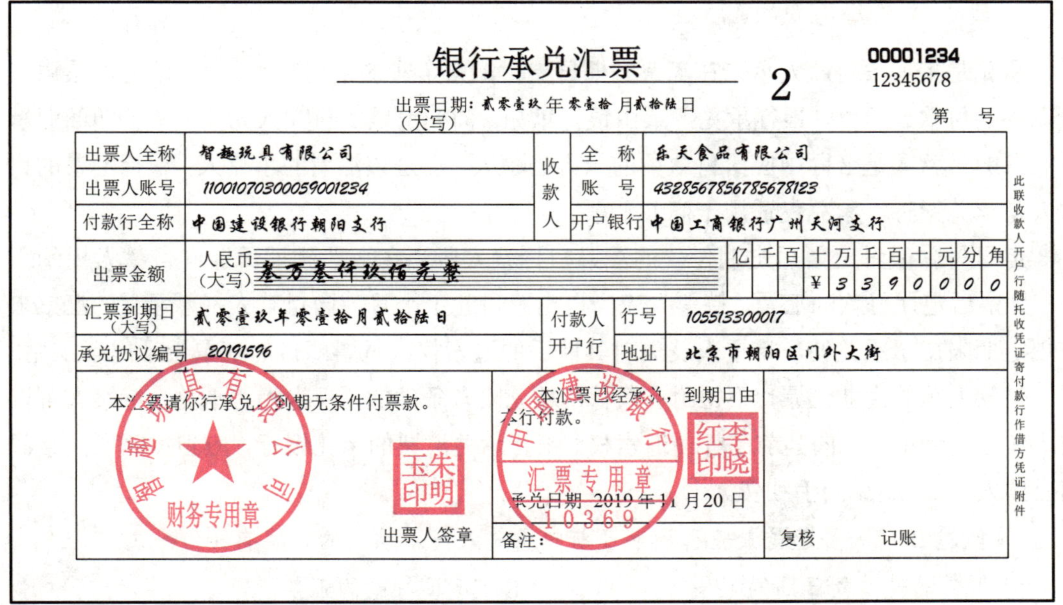

银行承兑汇票　2

00001234
12345678
第　号

出票日期：贰零壹玖年零壹拾月贰拾陆日
（大写）

出票人全称	智趣玩具有限公司	收款人	全　称	乐天食品有限公司
出票人账号	110010703000059001234		账　号	4328567856785678123
付款行全称	中国建设银行朝阳支行		开户银行	中国工商银行广州天河支行
出票金额	人民币（大写）叁万叁仟玖佰元整		亿 千 百 十 万 千 百 十 元 分 角	¥ 3 3 9 0 0 0 0
汇票到期日（大写）	贰零壹玖年零壹拾月贰拾陆日	付款人开户行	行号	105513300017
承兑协议编号	20191596		地址	北京市朝阳区门外大街

本汇票请你行承兑，到期无条件付票款。
出票人签章

本汇票已经承兑，到期日由本行付款。
承兑日期 2019年11月20日
备注：

复核　　记账

此联收款人开户行随托收凭证寄付款行作借方凭证附件

图 2-3　银行承兑汇票票样

（二）商业汇票的出票

商业汇票的出票，又称汇票的签发，是指出票人签发商业汇票并将其交付给收款人的票据行为。

1．商业汇票出票人的资格

商业承兑汇票的出票人为在银行开立存款账户的法人及其他组织，其与付款人具有真实的委托付款关系，具有支付汇票金额的可靠资金来源。

银行承兑汇票的出票人必须具备下列条件：① 在承兑银行开立存款账户的法人及其他组织；② 与承兑银行具有真实的委托付款关系；③ 资信状况良好，具有支付汇票金额的可靠资金来源。

2．商业汇票的记载事项

签发商业汇票必须记载下列事项，欠缺记载下列事项之一的，商业汇票无效：① 表明商业承兑汇票或银行承兑汇票的字样；② 无条件支付的委托；③ 确定的金额；④ 付款人名称；⑤ 收款人名称；⑥ 出票日期；⑦ 出票人签章。

3．商业汇票出票的法定要求

在银行开立存款账户的法人及其他组织，必须具有真实的交易关系或债务债权关系才能使用商业汇票。个人不能使用商业汇票。

（三）商业汇票的承兑

承兑是指汇票付款人承诺在汇票到期日支付汇票金额的票据行为。商业承兑汇票由银行以外的付款人承兑，银行承兑汇票由银行承兑。商业汇票的付款人为承兑人，即商业承兑汇票的付款人是合同中应给付款项的一方当事人，也是该汇票的承兑人；银行汇票的付款人是承兑银行。承兑仅适用于商业汇票。

定日付款或者出票后定期付款的汇票，持票人应当在汇票到期日前向付款人提示承兑；见票后定期付款的汇票，持票人应当自出票日起 1 个月内向付款人提示承兑；汇票未按规定期限提示承兑的，持票人丧失对其前手的追索权；见票即付的汇票无须提示承兑。

付款人承兑商业汇票，不得附有条件；承兑附有条件的，视为拒绝承兑。持票人可以请求作成拒绝证明，向其前手行使追索权。银行承兑汇票的承兑银行，应当按照票面金额向出票人收取 0.5‰的手续费。

【例题 2-17 · 多选题】 应于到期日前向承兑人提示承兑的汇票有（　　）。

A. 未记载付款日期的汇票　　B. 定日付款的汇票

C. 出票后定期付款的汇票　　D. 见票后定期付款的汇票

【正确答案】BC

【答案解析】定日付款或者出票后定期付款的汇票，持票人应当在汇票到期日前向付款人提示承兑；见票后定期付款的汇票，持票人应当自出票日起 1 个月内向付款人提示承兑；汇票未按规定期限提示承兑的，持票人丧失对其前手的追索权；见票即付的汇票无须提示承兑。

商业汇票的付款是指付款人依据票据文义支付票据金额，以消灭票据关系的行为。

1. 提示付款

提示付款是指持票人向付款人或承兑人出示票据，请求付款的行为。持票人只有在法定期限内提示付款的，才产生法律效力。

《票据法》规定，持票人应当按照下列期限提示付款：

（1）见票即付的汇票，自出票日起 1 个月内向付款人提示付款。

（2）定日付款、出票后定期付款或者见票后定期付款的汇票，自到期日起 10 日内向

知识链接

追索权是指在金融活动和票据流通的过程中，票据持有人在付款人拒绝付款时，向票据的背书人和出票人索回票款的权利。

（四）商业汇票的付款

承兑人提示付款。持票人未按照前款规定期限提示付款的，在作出说明后，承兑人或

者付款人仍应当继续对持票人承担付款责任。通过委托收款银行或者通过票据交换系统向付款人提示付款的，视同持票人提示付款。商业汇票的付款期限最长不得超过6个月。

2. 支付票款

持票人依照上述规定提示付款的，付款人必须在当日足额付款。持票人获得付款的，应当在汇票上签收，并将汇票交给付款人。持票人委托银行收款的，受委托的银行将代收的汇票金额转账收入持票人账户，视同签收。

3. 付款的效力

付款人依法足额付款后，全体汇票债务人的责任解除。但是，如果付款人的付款存在瑕疵，即未尽审查义务而将不符合法定形式的票据付款，或其存在恶意或重大过失而付款的，则不发生上述法律效力，付款人的义务不能解除，其他债务人也不能解除责任。

（五）商业汇票的背书

商业汇票的背书是指持票人可以将汇票权利转让给他人或者以将一定的汇票权利授予他人行使为目的，按照法定的事项和方式在商业汇票背面或者粘单上记载有关事项并签章的票据行为。如果出票人在汇票背面记载“不得转让”字样，则汇票不得背书转让。

1. 背书的形式

背书是一种要式行为，因此必须符合法定的形式，即其必须做成背书并交付，才能有效成立。就背书的记载事项而言，根据《票据法》的有关规定，其应与出票一样，符合有关出票时应记载的事项内容。

要式行为是指依照法律规定，必须采取一定形式或履行一定程序才能成立的行为。

（1）背书签章和背书日期的记载。《票据法》第29条规定：“背书由背书人签章并记载背书日期。背书未记载日期的，视为在汇票到期日前背书。”未签章的，背书行为无效。

（2）被背书人名称的记载。《票据法》第30条规定：“汇票以背书转让或者以背书将一定的汇票权利授予他人行使时，必须记载被背书人名称。”但是，如果背书人未记载被背书人名称即将票据交付他人，持票人在票据被背书人栏内记载自己的名称与背书人记载具有同等法律效力。

（3）禁止背书的记载。如果背书人不愿意对其后手以后的当事人承担票据责任，即可在背书时记载“禁止背书”。禁止背书包括出票人的禁止背书和背书人的禁止背书：① 出票人的禁止背书应记载在汇票的正面；② 背书人的禁止背书应记载在汇票的背面。《票据法》第34条规定：“背书人在汇票上记载‘不得转让’字样，其后手再背书转让的，原背书人对后手的被背书人不承担保证责任。”

（4）背书时粘单的使用。《票据法》第28条规定：“票据凭证不能满足背书人记载事项的需要，可以加附粘单，粘附于票据凭证上。粘单上的第一记载人，应当在汇票和粘单的粘接处签章。”否则该粘单记载的内容即为无效。

（5）背书不得记载的内容。《票据法》第 33 条规定：“背书不得附有条件。背书时附有条件的，所附条件不具有汇票上的效力。将汇票金额的一部分转让的背书或者将汇票金额分别转让给两人以上的背书无效。”

2. 背书连续

背书连续是指在票据转让的过程中，转让汇票的背书人与受让汇票的被背书人在汇票上的签章依次前后衔接。

如果背书不连续，付款人可以拒绝向持票人付款，否则付款人得自行承担责任。

背书连续主要是指背书在形式上连续（见图 2-4），如果背书在实质上不连续，如有伪造签章等，付款人仍应对持票人付款。但是，如果付款人明知持票人不是真正票据权利人，则不得向持票人付款，否则应自行承担责任。

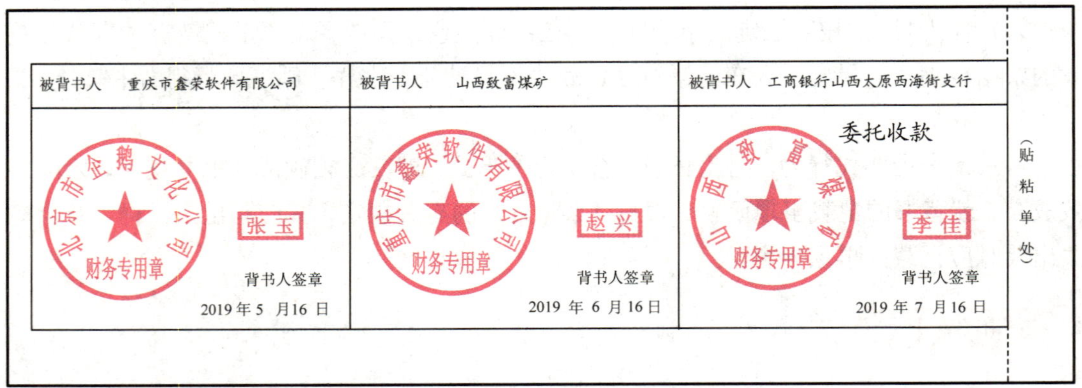

图 2-4 商业汇票背书连续签章示意图

3. 法定禁止背书

法定禁止背书是指根据《票据法》的规定而禁止背书转让的情形。法定禁止背书的情形有 3 种：① 被拒绝承兑的汇票；② 被拒绝付款的汇票；③ 超过付款提示期限的汇票。《票据法》第 36 条规定：“汇票被拒绝承兑、被拒绝付款或者超过付款提示期限的，不得背书转让；背书转让的，背书人应当承担汇票责任。”

【例题 2-18 · 单选题】甲公司将一张银行汇票背书转让给乙公司，该汇票需加附粘单，甲公司为粘单上的第一记载人，丙公司为甲公司的前手，丁公司为汇票记载的收款人。根据票据法律制度的规定，下列公司中，应当在汇票和粘单的粘接处签章的是（　　）。

A. 甲公司　　B. 乙公司　　C. 丙公司　　D. 丁公司

【正确答案】A

【答案解析】本题考核背书转让的规定。根据规定，票据凭证不能满足背书人记载事项的需要，可以加附粘单，粘附于票据凭证上。粘单上的第一记载人，应当在汇票和粘单的粘接处签章。所以答案是 A。

（六）商业汇票的保证

票据保证是票据债务人以外的第三人，以担保特定债务人履行票据债务为目的，而在票据上所为的一种附属票据行为。

1．保证的当事人

保证的当事人为保证人与被保证人。商业汇票的债务可以由保证人承担保证责任，但已成为票据债务人的，不得再充当票据上的保证人。

2．保证的格式

办理保证手续时，保证人必须在汇票或粘单上记载下列事项：① 表明“保证”的字样；② 保证人名称和住所；③ 被保证人的名称；④ 保证日期；⑤ 保证人签章。

票据保证必须做成粘于汇票或粘单上。保证是一种书面行为，必须做成粘于汇票或粘单上，如果另行签订保证合同或者保证条款的，不属于票据保证，而应当适用《担保法》的有关规定。

票据保证记载的事项有绝对记载事项和相对记载事项。其中绝对记载事项包括保证文字和保证人签章。相对记载事项包括被保证人名称，保证日期和保证人的住所。

为出票人、承兑人保证的，则应记载于汇票的正面；如果是为背书人保证，则应记载于汇票的背面或者粘单上。

保证不得附有条件；附有条件的，不影响对汇票的保证责任。

3．保证的效力

保证一旦成立，即在保证人与被保证人之间产生法律效力，保证人必须对保证行为承担相应的责任。

（1）保证人的责任。保证人对合法取得汇票的持票人所享有的汇票权利承担保证责任。但是，被保证人的债务因汇票记载事项欠缺而无效的除外。

（2）共同保证人的责任。保证人为两人以上的，保证人之间承担连带责任。也就是说，在共同保证的情况下，持票人可以不分先后向保证人中的一人或者数人或者全体就全部票据金额及有关费用行使票据权利，共同保证人不得拒绝。

（3）保证人的追索权。保证人清偿汇票债务后，可以行使持票人对被保证人及其前手的追索权。

【例题 2-19·多选题】关于票据保证，下列说法符合《票据法》规定的有（　　）。

A. 保证人必须由票据债务人以外的第三人担当

B. 被保证的汇票，如果没有注明保证方式，保证人承担一般保证责任

C. 保证不得附有条件，附有条件的，不影响对汇票的保证责任

D. 保证人清偿汇票债务后，可以行使持票人对被保证人及其前手的追索权

【正确答案】ACD

【答案解析】选项B，保证人应当与被保证人对持票人承担连带责任。

三、银行汇票

（一）银行汇票的概念和适用范围

银行汇票是指由出票银行签发的，由其在见票时按照实际结算金额无条件付给收款人或者持票人的票据。银行汇票的出票银行为银行汇票的付款人。

单位和个人在异地、同城或统一票据交换区域的各种款项的结算，均可使用银行汇票。银行汇票可以用于转账，填明“现金”字样的银行汇票也可以用于支取现金。

（二）银行汇票的记载事项

银行汇票必须记载下列事项：① 表明“银行汇票”的字样；② 无条件支付的承诺；③ 确定的金额；④ 付款人名称；⑤ 收款人名称；⑥ 出票日期；⑦ 出票人签章。汇票上未记载上述事项之一的，汇票无效。

根据《票据法》的规定，银行汇票的相对记载事项有：① 付款日期；② 付款地；③ 出票地。银行汇票上可以记载《票据法》规定事项以外的其他出票事项，但是该记载事项不具有汇票上的效力。

银行汇票的样式及内容如图 2-5 所示。

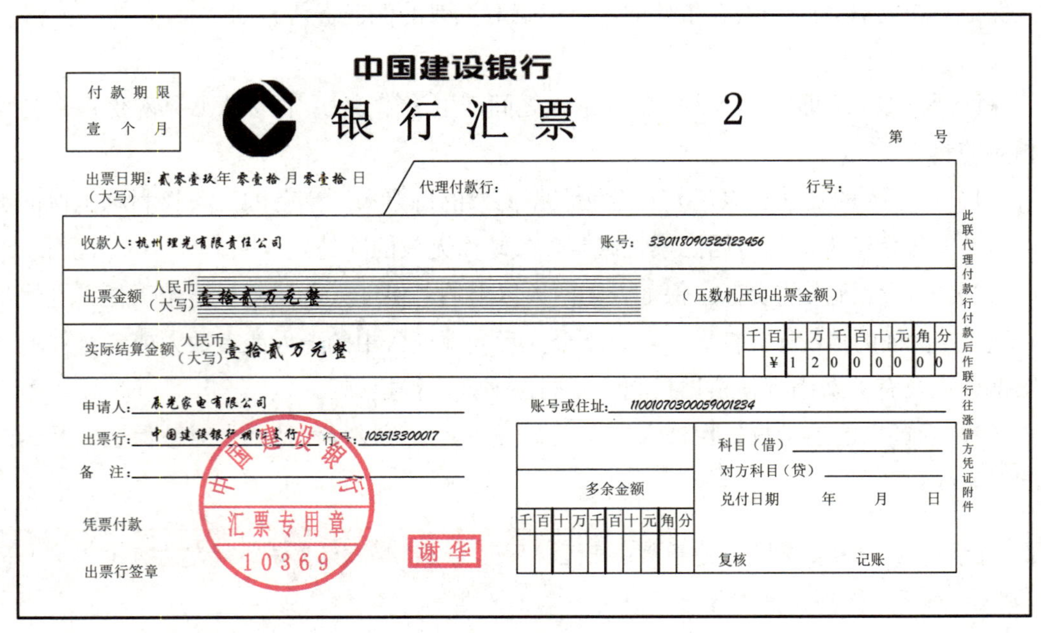

付款期限 壹个月

中国建设银行

银行汇票 2

第 号

出票日期：贰零壹玖年零壹拾月零壹拾日（大写）

代理付款行： 行号：

收款人：杭州理光有限责任公司 账号：330118090325123456

出票金额 人民币（大写）壹拾贰万元整 （压数机压印出票金额）

实际结算金额 人民币（大写）壹拾贰万元整

千	百	十	万	千	百	十	元	角	分
	¥	1	2	0	0	0	0	0	0

申请人：晨光家电有限公司 账号或住址：11001070300059001234

出票行：中国建设银行 行号：105513300017

备注：

凭票付款

出票行签章

中国建设银行 汇票专用章 10369

谢华

多余金额

千	百	十	万	千	百	十	元	角	分

科目（借）

对方科目（贷）

兑付日期 年 月 日

复核 记账

此联代理付款行付款后作联行往账借方凭证附件

图 2-5 银行汇票

（三）银行汇票的基本规定

（1）银行汇票可以用于转账，标明现金字样的“银行汇票”也可以提取现金。

（2）银行汇票的付款人为银行汇票的出票银行，银行汇票的付款地为代理付款人或出票人所在地。

（3）银行汇票的出票人在票据上的签章，应为经中国人民银行批准使用的该银行汇票专用章加其法定代表人或其授权经办人的签名或者盖章。

（4）银行汇票的提示付款期限自出票日起一个月内。持票人超过付款期限提示付款的，代理付款人（银行）不予受理。

（5）银行汇票可以背书转让，但填明“现金”字样的银行汇票不得背书转让。银行汇票的背书转让以不超过出票金额的实际结算金额为准。未填写实际结算金额或实际结算金额超过出票金额的银行汇票不得背书转让。

（6）填明“现金”字样和代理付款人的银行汇票丧失，可以由失票人通知付款人或者代理付款人挂失止付。

（7）银行汇票丧失，失票人可以凭人民法院出具的其享有票据权利的证明，向出票银行请求付款或退款。

知识链接

银行汇票一律记名，可以背书转让。银行汇票的汇款金额起点为500元。

（四）银行汇票的办理程序

（1）申请签发汇票。申请人使用银行汇票，应向出票银行填写“银行汇票申请书”，填明收款人名称、汇票金额、申请人名称、申请日期等事项并签章。

（2）出票。出票银行受理银行汇票申请书，收妥款项后签发银行汇票，并用压数机压出汇票金额，将银行汇票和解讫通知一并交给申请人。

知识链接

解讫通知，又称讨讫通知，是银行汇票的第三联，在兑付行兑付后随报单寄签发行，由签发行作余款收入传票，是银行之间往来的记账凭证。解讫通知是银行汇票所特有的，因为银行汇票的实际付款可以与票据上面的金额不一致。

（3）持票办理结算。申请人取得银行汇票后，即可向填明的收款单位办理结算，申请人应将银行汇票和解讫通知一并交付给汇票上记明的收款人。银行汇票的实际结算金额低于出票金额的，其多余金额由出票银行退交申请人。

【例题 2-20·单选题】关于银行汇票办理和使用要求，下列表述不正确的是（　　）。

A. 签发现金银行汇票，申请人和收款人都必须是个人

B. 出票银行收妥款项后签发银行汇票，只需将银行汇票联交给申请人

C. 银行汇票应在出票金额内按实际计算金额办理结算

D. 银行汇票的实际结算金额不得更改，更改实际结算金额的银行汇票无效

【正确答案】B

【答案解析】根据票据法律制度的规定，出票银行受理银行汇票申请书，收妥款项后签发银行汇票，将银行汇票和解讫通知一并交给申请人。

【例题 2-21·判断题】5 月 15 日，甲公司向 A 厂购买一批原材料，财务部向丙银行提出申请并由丙银行为其签发了一张价值 80 万元、收款人为 A 厂的银行汇票。由于物价上涨等因素，该批材料实际计算金额为 88 万元，A 厂按实填写了结算金额并在汇票上签章。A 厂在 6 月 10 日向丙银行提示付款，被拒绝受理，丙银行拒绝受理 A 厂的提示付款请求是正确的。（　　）

【正确答案】对

【答案解析】银行汇票应在出票金额内按实际计算金额办理结算。即实际计算金额不得超过 80 万元。

四、银行本票

（一）银行本票的概念

银行本票是出票人签发的，承诺自己在见票时无条件支付确定的金额给收款人或者持票人的票据（见图 2-6）。

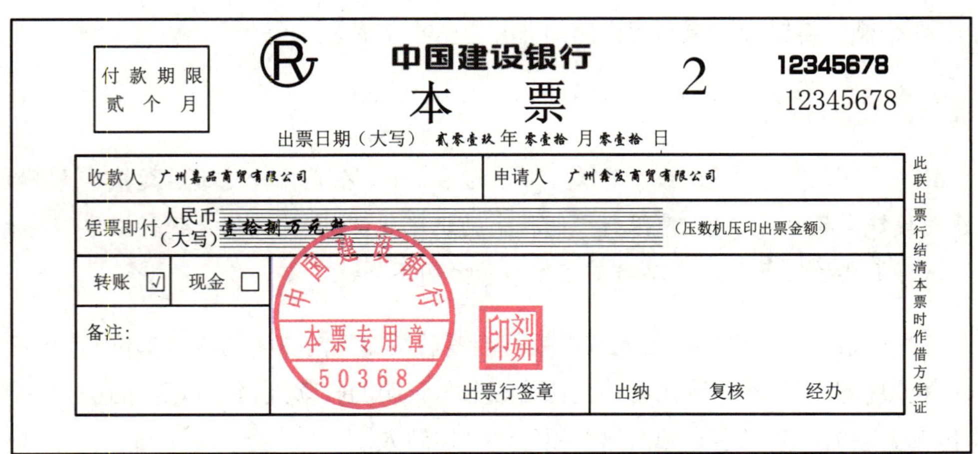

付款期限 贰个月

中国建设银行 本票 2

12345678
12345678

出票日期（大写） 贰零壹玖 年 零壹拾 月 零壹拾 日

收款人 广州嘉品商贸有限公司	申请人 广州鑫发商贸有限公司
凭票即付 人民币（大写）壹拾捌万元整	（压数机压印出票金额）
转账 ☑ 现金 ☐	
备注：	出票行签章　出纳　复核　经办

此联出票行结清本票时作借方凭证

图 2-6　银行本票票样

本票分为商业本票和银行本票。商业本票是由工商企业或个人签发的本票，也称为普通本票。银行本票是银行签发的，承诺自己在见票时无条件支付确定的金额给收款人或者持票人的票据。我国《票据法》规定的本票是指银行本票。银行本票都是即期的，在国际商业运算中运用的本票大多是银行本票。

（二）银行本票的适用范围

单位和个人在同一票据交换区域需要支付的各种款项，均可以使用银行本票。银行本票可以用于转账，注明"现金"字样的银行本票可以用于支取现金。申请人或收款人为单位的，不得申请签发现金银行本票。

（三）银行本票的记载事项

（1）签发银行本票必须记载下列事项：① 表明"银行本票"的字样；② 无条件支付的承诺；③ 确定的金额；④ 收款人名称；⑤ 出票日期；⑥ 出票人签章。银行本票上未记载上述规定事项之一的，银行本票无效。

（2）银行本票的相对记载事项包括两项内容：① 付款地。本票上未记载付款地的，出票人的营业场所为付款地；② 出票地。本票上未记载出票地的，出票人的营业场所为出票地。

（3）本票可任意记载的事项与汇票的记载事项相同，目的均在于提高本票的信用和保证其流通的顺利进行。

（四）银行本票的提示付款期限

银行本票的提示付款期限自出票日起最长不得超过 2 个月。持票人超过付款期限提示付款的，代理付款人不予受理。

本票的持票人未按照规定期限提示见票的，丧失对出票人以外的前手的追索权。

【例题 2-22·多选题】根据《票据法》的规定，下列有关银行本票的各项表述中，正确的有（　　）。

A. 标明"现金"字样的银行本票仍然不得提取现金

B. 银行本票由出票人签发

C. 银行本票必须有无条件支付的承诺

D. 银行本票的提示付款期自出票日起最长不得超过 2 个月

【正确答案】BCD

【答案解析】标明"现金"字样的银行本票可以提取现金。

五、支票

（一）支票的概念和适用范围

支票是出票人签发，委托办理支票存款业务的银行或者其他金融机构，在见票时无条件支付确定的金额给收款人或持票人的票据。

单位和个人的各种款项结算，均可以使用支票。2007 年 7 月 8 日，中国人民银行宣布，支票可以实现全国范围内互通使用。

（二）支票的种类

支票按照支付票款的方式分为现金支票、转账支票和普通支票。

1. 现金支票

支票上印有“现金”字样的为现金支票（见图 2-7），现金支票只能用于支取现金。

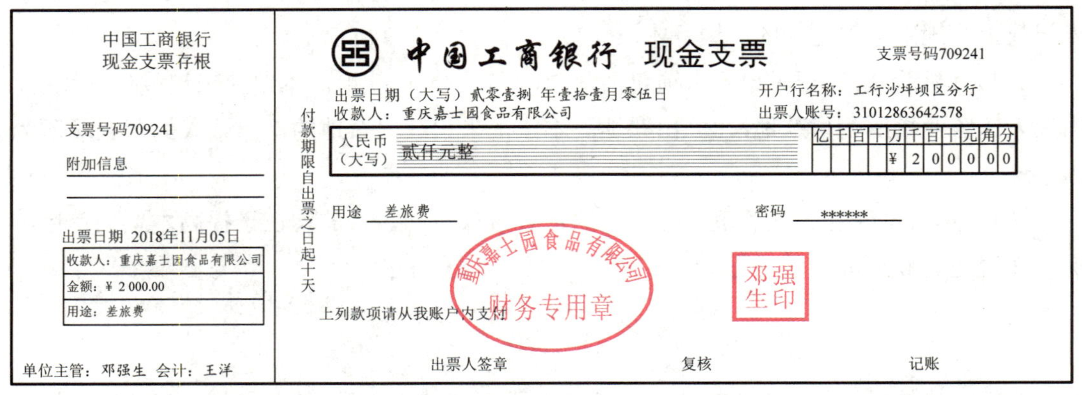

中国工商银行
现金支票存根
支票号码709241
附加信息
出票日期 2018年11月05日
收款人：重庆嘉士园食品有限公司
金额：¥ 2 000.00
用途：差旅费
单位主管：邓强生　会计：王洋

中国工商银行　现金支票　支票号码709241
出票日期（大写）贰零壹捌 年壹拾壹月零伍日　开户行名称：工行沙坪坝区分行
收款人：重庆嘉士园食品有限公司　出票人账号：31012863642578
付款期限自出票之日起十天

人民币（大写）	亿	千	百	十	万	千	百	十	元	角	分
贰仟元整					¥	2	0	0	0	0	0

用途 差旅费　密码 ******
重庆嘉士园食品有限公司 财务专用章　邓强生印
上列款项请从我账户内支付
出票人签章　复核　记账

图 2-7　现金支票票样

2. 转账支票

支票上印有“转账”字样的为转账支票（见图 2-8），转账支票只能用于转账。

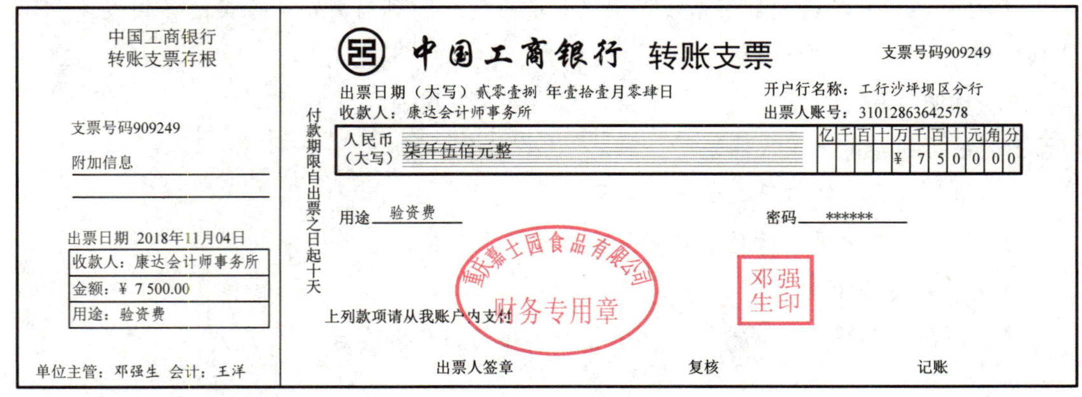

中国工商银行
转账支票存根
支票号码909249
附加信息
出票日期 2018年11月04日
收款人：康达会计师事务所
金额：¥ 7 500.00
用途：验资费
单位主管：邓强生　会计：王洋

中国工商银行　转账支票　支票号码909249
出票日期（大写）贰零壹捌 年壹拾壹月零肆日　开户行名称：工行沙坪坝区分行
收款人：康达会计师事务所　出票人账号：31012863642578
付款期限自出票之日起十天

人民币（大写）	亿	千	百	十	万	千	百	十	元	角	分
柒仟伍佰元整					¥	7	5	0	0	0	0

用途 验资费　密码 ******
重庆嘉士园食品有限公司 财务专用章　邓强生印
上列款项请从我账户内支付
出票人签章　复核　记账

图 2-8　转账支票票样

3. 普通支票

支票上未印有“现金”或“转账”字样的为普通支票（见图 2-9），普通支票可以用于支取现金，也可用于转账；在普通支票左上角划两条平行线的，为划线支票，划线支票只能用于转账，不能支取现金。

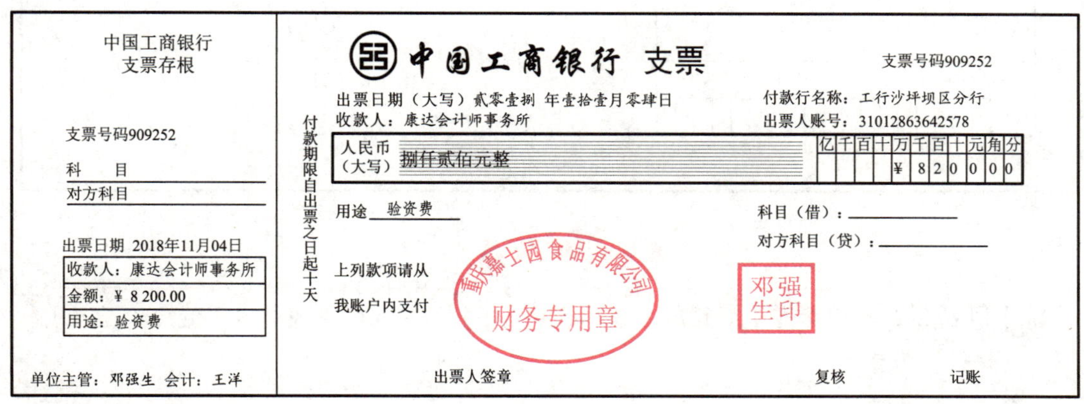

中国工商银行
支票存根

支票号码909252

科　目

对方科目

出票日期 2018年11月04日

收款人：康达会计师事务所

金额：¥ 8 200.00

用途：验资费

单位主管：邓强生 会计：王洋

中国工商银行 支票　　支票号码909252

付款期限自出票之日起十天

出票日期（大写）贰零壹捌 年壹拾壹月零肆日　　付款行名称：工行沙坪坝区分行

收款人：康达会计师事务所　　出票人账号：31012863642578

人民币（大写）	捌仟贰佰元整	亿	千	百	十	万	千	百	十	元	角	分
						¥	8	2	0	0	0	0

用途 验资费　　科目（借）：

对方科目（贷）：

上列款项请从

我账户内支付

重庆嘉士园食品有限公司 财务专用章　　邓强生印

出票人签章　　复核　　记账

图 2-9　普通支票票样

（三）支票的记载事项

根据《票据法》规定，支票必须记载下列事项：① 表明“支票”的字样；② 无条件支付的委托；③ 确定的金额；④ 付款人名称；⑤ 出票日期；⑥ 出票人签章。支票上未记载上述规定事项之一的，支票无效。支票的金额、收款人名称可以由出票人授权补记，未补记前不得背书转让和提示付款。

普通支票的正面和反面如图 2-10 和图 2-11 所示。

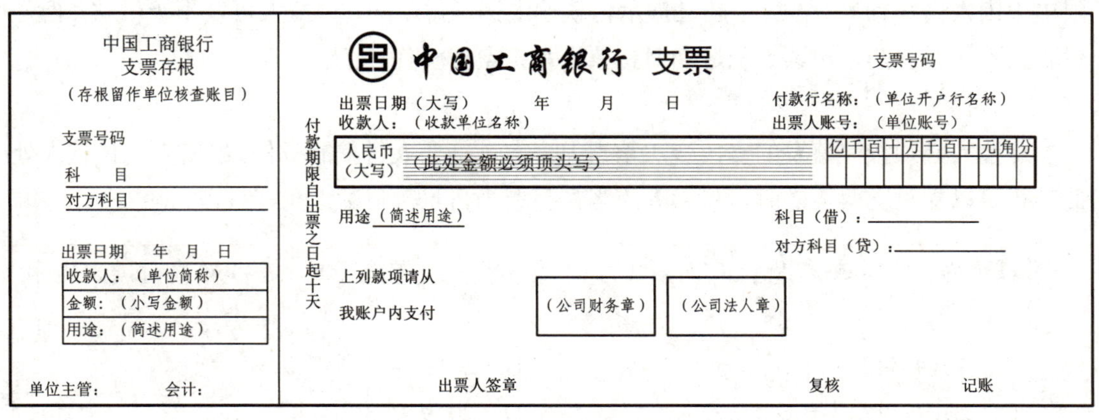

中国工商银行
支票存根
（存根留作单位核查账目）

支票号码

科　目

对方科目

出票日期　年　月　日

收款人：（单位简称）

金额：（小写金额）

用途：（简述用途）

单位主管：　　会计：

中国工商银行 支票　　支票号码

付款期限自出票之日起十天

出票日期（大写）　年　月　日　　付款行名称：（单位开户行名称）

收款人：（收款单位名称）　　出票人账号：（单位账号）

人民币（大写）	（此处金额必须顶头写）	亿	千	百	十	万	千	百	十	元	角	分

用途（简述用途）　　科目（借）：

对方科目（贷）：

上列款项请从

我账户内支付　　（公司财务章）　（公司法人章）

出票人签章　　复核　　记账

图 2-10　普通支票正面

附加信息：	被背书人	（贴粘单处）
身份证名称： 发证机关：	背书人签章	
号码	年 月 日	

图 2-11 普通支票背面

【例题 2-23 · 单选题】票据的金额和收款人名称可由出票人授权补记的为（ ）。

A. 银行汇票 B. 商业汇票

C. 银行本票 D. 支票

【正确答案】D

【答案解析】支票上的金额和收款人名称可由出票人授权补记。

（四）支票的付款

支票的付款是指付款人根据持票人的请求向其支付支票金额的行为。支票限于见票即付，不得另行记载付款日期，另行记载付款日期的，该记载无效。

1. 提示付款期限

支票的持票人应当自出票日起 10 日内提示付款；异地使用的支票，其提示付款的期限由中国人民银行另行规定。超过提示付款期限提示付款的，付款人可以不予付款；但是付款人不予付款的，出票人仍应当对持票人承担票据责任。

2. 付款

出票人必须按照签发的支票金额承担保证向该持票人付款的责任。出票人在付款人处的存款足以支付支票金额时，付款人应当在见票当日足额付款。

【例题 2-24 · 单选题】2019 年 2 月 25 日签发的支票应于（ ）前向付款人提示付款。

A. 2019 年 3 月 4 日 B. 2019 年 3 月 5 日

C. 2019 年 3 月 6 日 D. 2019 年 3 月 7 日

【正确答案】D

【答案解析】支票的持票人应当自出票日起 10 日内提示付款，所以应该于 2019 年 3 月 7 日前向付款人提示付款。

（五）支票的办理

1．支票的办理程序

（1）出票。支票的出票人为在银行开立存款账户的企业、其他组织和个人。

（2）提示付款。持票人可以委托开户银行收款或直接向付款人提示付款。支票的付款人是出票人的开户银行。

（3）出票人开户银行（付款人）与持票人开户银行之间清算资金。

（4）持票人收妥票款。持票人开户银行将票款收入持票人存款账户。持票人持支票到开户银行进账时，应填写进账单（见图 2-12）。

中国工商银行　进账单（回　单）

年　月　日

出票人	全　称		收款人	全　称	
	账　号			账　号	
	开户银行			开户银行	
金额	人民币（大写）			亿 千 百 十 万 千 百 十 元 角 分	
票据种类		票据张数			
票据号码					
复核　　记账			开户银行签章		

此联是开户银行交给持（出）票人的回单

图 2-12　进账单

2．签发支票的要求

（1）签发支票应当使用碳素墨水或墨汁填写，中国人民银行另有规定的除外。

（2）签发现金支票和用于支取现金的普通支票，必须符合国家现金管理的规定。

（3）支票的出票人签发支票的金额不得超过付款时在付款人处实有的存款金额。禁止签发空头支票。

（4）支票的出票人预留银行签章是银行审核支票付款的依据；银行也可以与出票人约定使用支付密码，作为银行审核支付支票金额的条件。

（5）出票人不得签发与其预留银行签章不符的支票；使用支付密码的，出票人不得签发支付密码错误的支票。

（6）出票人签发空头支票、签章与其预留签章不符的支票，不以骗取财务为目的的，有中国人民银行处以票面金额 5%但不低于 1 000 元的罚款；持票人有权要求出票人赔偿支票金额 2%的赔偿金。对屡次签发的，银行应停止其签发支票。

3．兑付支票的要求

（1）持票人可以委托开户银行收款或直接向付款人提示付款。用于支取现金的支票仅限于收款人向付款人提示付款。

（2）持票人委托开户银行收款时，应作委托收款背书，在支票背面背书人签章栏签章，记载“委托收款”字样、背书日期，在被背书人栏记载开户银行名称，并将支票和填制的进账单送交开户银行。

【例题 2-25 · 多选题】签发（　　），不以骗取钱财为目的的，由中国人民银行按票面金额处以 5%但不低于 1 000 元的罚款。

A. 空头支票

B. 支付密码错误的支票

C. 出票日期未使用中文大写规范填写的支票

D. 签章与预留银行签章不符的支票

【正确答案】AD

【答案解析】签发空头支票、签章与其预留的签章不符的支票，不以骗取财物为目的的，由中国人民银行处以票面金额 5%但不低于 1 000 元的罚款。

【例题 2-26 · 简答题】某出票人开出一张票面金额为 25 000 元的空头支票。中国人民银行将对该出票人处以多少罚款？持票人有权取得的赔偿金为多少？

【答案解析】出票人签发空头支票、签章与其预留签章不符的支票，不以骗取财务为目的的，有中国人民银行处以票面金额 5%但不低于 1 000 元的罚款；持票人有权要求出票人赔偿支票金额 2%的赔偿金。对屡次签发的，银行应停止其签发支票。所以本题中中国人民银行将处以 1 250 元的罚款；持票人有权取得的赔偿金为 500 元。

第五节　银行卡

一、银行卡的概念和种类

（一）银行卡的概念

银行卡是指经批准由商业银行（含邮政金融机构）向社会发行的具有消费信用、转账结算、存取现金等全部或部分功能的信用支付工具。

（二）银行卡的种类

1．按照发行主体是否在境内分为境内卡和境外卡

境内卡是指由境内商业银行发行的，既可以在境内使用，又可以在境外使用的银行卡。

境外卡是指由境外设立的外资金融机构或外资非金融机构发行的，可以在境内使用的银行卡。

2．按照是否给予持卡人授信额度分为信用卡和借记卡

信用卡按是否向发卡银行交存备用金分为贷记卡和准贷记卡两类。贷记卡是指发卡银行给予持卡人一定的信用额度，持卡人可在信用额度内现消费、后还款的信用卡。准贷记是指持卡人须先按发卡银行要求交存一定金额的备用金，当备用金账户余额不足支付时，可在发卡银行规定的信用额度内透支的信用卡。

借记卡是指现存款后消费（或取现），没有透支功能的银行卡。借记卡是一种具有转账结算、存取现金、购物消费等功能的信用工具，它附加了转账、买卖基金、炒股、缴费等功能，同时还提供了大量的增值服务。借记卡可以通过 ATM 机转账和提款，但不能透支。

3．按照账户币种的不同分为人民币卡、外币卡和双币种卡

人民币卡是指存款、信用额度均为人民币，并且应当以人民币偿还的银行卡。外币卡是指存款、信用额度均为外币，并且应当以外币偿还的银行卡。双币卡是指存款、信用额度同时有人民币和外币两个账户的银行卡。

4．按信息载体不同分为磁条卡和芯片卡

磁条卡是以液体磁性材料或磁条为信息载体，将液体磁性材料涂覆在卡片或将宽约 614 mm 的磁条压贴在卡片上的银行卡。芯片卡是以智能芯片（IC 卡）为介质的银行卡。与磁条卡相比，芯片卡安全性高，卡内敏感数据难以被复制，而且芯片卡不仅具有普通磁条银行卡所有的金融功能，还具备电子现金账户，支持脱机小额支付，可以使用非接触界面，实现即刷即走的快速支付和智能卡手机支付。

【例题 2-27 · 判断题】境外卡由境外设立的外资金融机构或外资非金融机构发行的，可以在境内使用的银行卡。（　　）

【正确答案】对

【答案解析】境内卡是指由境内商业银行发行的，既可以在境内使用，又可以在境外使用的银行卡。境外卡是指由境外设立的外资金融机构或外资非金融机构发行的，可以在境内使用的银行卡。

二、银行卡账户与交易

（一）银行卡交易的基本规定

（1）单位人民币卡可办理商品交易和劳务供应款项的结算，但不得透支。单位卡不得支取现金。

（2）发卡银行应当依照法律规定遵守信用卡业务风险控制指标。具体来说，同一持卡人单笔透支发生额个人卡不得超过 2 万元（含等值外币）、单位卡不得超过 5 万元（含等值外币）。同一账户月透支余额个人卡不得超过 5 万元（含等值外币），单位卡不得超过发卡银行对该单位综合授信额度的 3%。无综合授信额度可参照的单位，其月透支余额不得超过 10 万元（含等值外币）。外币卡的透支额度不得超过持卡人保证金（含储蓄存单质押金额）的 80%。

（3）持卡人透支消费享受免息还款期和最低还款额待遇的条件和标准等，由发卡机构自主确定。

（4）发卡银行通过下列途径追偿透支款项和诈骗款项：① 扣减持卡人保证金、依法处理抵押物和质押物；② 向保证人追索透支款项；③ 通过司法机关的诉讼程序进行追偿。

（二）银行卡的资金来源

单位卡账户的资金，一律从其基本存款账户转账存入，不得交存现金，不得将销货收入的款项存入其账户。

个人人民币卡账户的资金以其持有的现金存入或以其工资性款项、属于个人的合法的劳务报酬、投资回报等收入转账存入。严禁将单位的款项存入个人卡账户。

（三）银行卡的计息和收费

1. 计息

（1）发卡银行对准贷记卡及借记卡（不含储值卡）账户内的存款，按照中国人民银行规定的同期同档次存款利率及计息办法计付利息。

（2）发卡银行对储值卡（含 IC 卡的电子钱包）内的币值不计付利息。

（3）贷记卡持卡人非现金交易享受如下优惠条件：① 免息还款期待遇，银行记账日至发卡行规定的到期还款日之间为免息还款期；② 最低还款额待遇，持卡人在到期还款日前偿还所使用全部银行款项有困难的，可按发卡行规定的最低还款额还款。

（4）利率标准。对信用卡透支利率实行上限和下限管理，透支利率上限为日利率 0.5‰，透支利率下限为日利率 0.5‰的 0.7 倍。信用卡透支的计结息方式，以及信用卡溢缴款是否计付利息及其利率标准，由发卡机构自主确定。发卡机构应在信用协议中以显著方式提示信用卡利率标准和计结息方式。贷记卡透支按月计收复利，准贷记卡透支按月计收单利。

2. 收费

收费是指商业银行办理银行卡收单业务向商户收取结算手续费。

3. 违约金和服务费用

对信用卡持卡人违约逾期未还款的行为，发卡机构应与持卡人通过协议约定是否收取

违约金，以及相关收取方式和标准。发卡机构向持卡人提供超过授信额度用卡服务的，不得收取超限费。发卡机构对向持卡人收取的违约金和年费、取现手续费、货币兑换费等服务费用不得计收利息。

4. 信用卡预借现金业务

信用卡预借现金业务包括现金提取、现金转账和现金充值。现金提取是指持卡人通过柜面和自动柜员机（ATM）等自助机具，以现钞形式获得信用卡预借现金额度内资金；现金转账是指持卡人将信用卡预借现金额度内资金划转到本人银行结算账户；现金充值是指持卡人将信用卡预借现金额度内资金划转到本人非银行支付机构开立的支付账户。

5. 非本人授权交易的处理

持卡人提出伪卡交易和账户盗用等非本人授权交易时，发卡机构应及时引导持卡人留存证据，按照相关规则进行差错争议处理，并定期向持卡人反馈处理进度。

（四）银行卡申领、注销和挂失

1. 银行卡的申领

境内依法设立的企业法人、非法人企业、个体工商户（以下统称企业）在银行办理基本存款账户、临时存款账户业务（含企业在取消账户许可前已开立基本存款账户、临时存款账户的变更和撤销业务），由核准制改为备案制，人民银行不再核发开户许可证。单位卡可申领若干张。

机关、事业单位等其他单位办理银行账户业务仍按现行银行账户管理制度执行。机关、实行预算管理的事业单位开立基本存款账户、临时存款账户和专用存款账户，应经财政部门批准并经人民银行核准，另有规定的除外。

凡具有完全民事行为能力的公民，可凭本人有效身份证件及发卡银行规定的相关证明文件申领个人卡。个人卡的主卡持卡人，可为其配偶及年满 18 周岁的亲属申领附属卡，申领的附属卡最多不得超过两张。

2. 银行卡的注销

持卡人在还清全部交易款项、透支本息和有关费用后，有下列情形之一的，可申请办理销户：① 信用卡有效期满 45 天后，持卡人不更换新卡的；② 信用卡挂失满 45 天后，没有附属卡又不更换新卡的；③ 信用卡被列入止付名单，发卡银行已收回其信用卡 45 天的；④ 持卡人死亡，发卡银行已收回其信用卡 45 天的；⑤ 持卡人要求销户或担保人撤销担保，并已交回全部信用卡 45 天的；⑥ 信用卡账户两年（含）以上未发生交易的；⑦ 持卡人违反其他规定，发卡银行认为应该取消资格的。

发卡机构调整信用卡利率标准的，应至少提前 45 天通知持卡人。持卡人有权在新利率标准生效之日前选择销户，并按照已签订的协议偿还相关款项。发卡以银行办理销户，应当收回信用卡。有效信用卡无法收回的，应当将其止付。

3．销户时账户余额的处理

销户时，单位卡账户余额转入其基本存款账户，不得提取现金；个人卡账户可以转账结清，也可以提取现金。

4．银行卡的挂失

持卡人丧失银行卡，应立即持本人身份证件或其他有效证明，并按规定提供有关情况，向发卡银行或代办银行申请挂失。

【例题 2-28・多选题】下列关于信用卡的说法中，表述错误的有（　　）。

A．信用卡可以分为单位卡和个人卡

B．一个单位只能开立一个基本存款账户，同样，只能申领一张单位卡

C．任何一个合法公民都可以申领个人卡

D．信用卡销户时，只能通过转账结清，不得支取现金

【正确答案】BCD

【答案解析】选项 B，单位卡可以申领若干张；选项 C，具有完全民事行为能力的公民可以申请个人卡；选项 D，个人卡账户销户时可以转账结清也可以支付现金。

【例题 2-29・单选题】下列选项中，属于信用卡的持卡人可以使用单位卡的情形是（　　）。

A．购买价值 8 万元的电脑

B．支付 14 万元的劳务费用

C．支取现金

D．存入销货收入的款项

【正确答案】A

【答案解析】选项 B，单位卡不得用于 10 万元以上的商品交易和劳务供应款项的结算。选项 C，单位卡可以办理商品交易和劳务供应款项的计算，不得支取现金。选项 D，单位卡在使用过程中，需要向其账户结存资金的，一律从其基本存款账户转账存入，不得交存现金，不得将销货收入的款项存入其账户。

【例题 2-30・判断题】贷记卡透支按月计收复利，准贷记卡透支按月计收单利。（　　）

【正确答案】对

【答案解析】发卡机构应在信用协议中以显著方式提示信用卡利率标准和计结息方式。贷记卡透支按月计收复利，准贷记卡透支按月计收单利。

第六节　汇　兑

一、汇兑的概念和种类

汇兑是汇款人委托银行将其款项支付给收款人的结算方式。这种方式便于汇款人向异地的收款人主动付款。单位和个人的各种款项的结算，均可使用汇兑结算方式。

根据支付方式的不同，汇兑可分为信汇和电汇两种，由汇款人自行选择。信汇是以邮寄方式将汇款凭证转给外地收款人指定的汇入行；而电汇是以电报方式将汇款凭证转给外地收款人指定的汇入行。

二、办理汇兑的程序

（一）签发汇兑凭证

签发汇兑凭证必须记载下列事项：① 表明“信汇”或“电汇”的字样；② 无条件支付的委托；③ 确定的金额；④ 收款人名称；⑤ 汇款人名称；⑥ 汇入地点、汇入行名称；⑦ 汇出地点、汇出行名称；⑧ 委托日期；⑨ 汇款人签章。

汇款人和收款人均为个人，需要在汇入银行支取现金的，应在信、电汇凭证的汇款金额大写栏，先填写“现金”字样，后填写汇款金额。

电汇凭证示例如图 2-13 所示。

电　汇　凭　证

币别：人民币　　　　2018 年 11 月 2 日　　　　流水号：415001197822

汇款方式	☑普通　　☐加急		
汇款人 全　称	辰光家电有限公司	收款人 全　称	上海市金诚有限公司
账　号	11001070300059001234	账　号	12001000123456671234
汇出行名称	中国建设银行朝阳支行	汇出行名称	中国建设银行上海宝山路支行
金额	（大写）壹拾叁万伍仟元整	亿千百十万千百十元角分	¥13500000
辰光家电有限公司 财务专用章　伟王印立		支付密码 附加信息及用途 此汇款支付给收款人。 中国建设银行股份有限公司朝阳支行 2018.11.2 办讫章 07 客户签章	

第二联　客户回单

会计主管　　授权　　复核　　录入

图 2-13　电汇凭证示例

（二）银行受理

汇出银行受理汇款人签发的汇兑凭证，经审核无误后，应及时向汇入银行办理汇款，并向汇款人签发汇款回单。汇款回单只能作为汇出银行受理汇款的依据，不能作为该笔汇款已转入收款人账户的证明。

（三）汇入处理

汇入银行对开立存款账户的收款人，应将汇给其的款项直接转入收款人的账户，并向其发出收账通知。收账通知是银行将款项确已收入收款人账户的凭据。

支取现金的，信汇、电汇凭证上必须有按规定填明的“现金”字样才能办理。未填明“现金”字样需支取现金的，由汇入银行按照国家现金管理的规定审查支付。

转账支付的，应由原收款人填制支款凭证，并由本人向银行交验其身份证办理支付款项。该账户的款项只能转入单位或个体工商户的存款账户，严禁转入储蓄和信用卡账户。转汇的，应由原收款人向银行填制信、电汇凭证，并由本人交验其身份证件。转汇的收款人必须是原收款人。原汇入银行必须在信、电汇凭证上加盖“转汇”戳记。

三、汇兑的撤销和退汇

（一）汇兑的撤销

汇款人对汇出银行尚未汇出的款项可以申请撤销。申请撤销时，应出具正式函件或本人身份证及原信汇、电汇回单。汇出银行查明确未汇出款项的，收回原信汇、电汇回单，方可办理撤销。

（二）汇兑的退汇

汇款人对汇出银行已经汇出的款项可以申请退汇。对在汇入银行开立银行存款账户的收款人，由收款人与汇款人自行联系退汇；对未在汇入银行开立存款账户的收款人，汇款人应出具正式函件或本人身份证以及原信汇、电汇回单，由汇出银行通知汇入银行，经汇入银行核实汇款确未支付并将款项汇回汇出银行，方可办理退汇。

转汇银行不得受理汇款人或汇出银行对汇款的撤销或退汇。汇入银行对于收款人拒绝接受的汇款，应立即办理退汇。汇入银行对于向收款人发出取款通知，经过两个月无法交付的汇款，应主动办理退汇。

第七节 网上支付

网上支付是电子支付的一种形式，它是指电子交易的当事人，包括消费者、商户、银行或者支付机构，使用电子支付手段通过信息网络进行的货币支付或资金流转。网上支付的主要方式有网上银行和第三方支付两种。

与传统的支付方式相比，网上支付具有方便、快捷、高效、经济的优势。用户只要拥有一台上网的PC机或其他移动设备，便可足不出户，随时随地快捷地完成整个支付过程，完全突破时间和空间的限制，实现“24/7”（每周7天，每天24小时）模式的连续运行。随着网络支付法律法规和安全支付协议的进一步完善，网上支付将在我国非现金支付工具体系中发挥越来越重要的作用。

一、网上银行

（一）网上银行的概念

网上银行，又称网络银行，简称网银，就是银行在互联网上设立虚拟银行柜台，使开户、查询、对账、转账、信贷、网上证券、投资理财等传统银行服务不再通过物理的银行分支机构来实现，而是借助于网络与信息技术手段在互联网上实现。

（二）网上银行的种类

按主要服务对象的不同，网上银行可分为企业网上银行和个人网上银行。

企业网上银行主要服务于企事业单位，企事业单位可以通过企业网上银行实时了解财务状况，及时调度资金，轻松处理工资发放和大批量的网络支付业务。

个人网上银行主要服务于个人，个人可以通过个人网上银行实时查询、转账，进行网络支付和汇款。

（三）网上银行的主要功能

1．企业网上银行的主要功能

（1）账户信息查询。账户信息查询能够为企业客户提供账户信息的网上在线查询、网上下载和电子邮件发送账务信息等服务，包括账户的昨日余额、当前余额、当日明细和历史明细等。

（2）支付指令。支付指令能够为客户提供集团、企业内部各分支机构之间的账务往来，同时也能够提供集团、企业之间的账务往来，并且支持集团、企业向他们账户进行付款。

（3）B2B 网上支付。B2B，即企业之间进行的电子商务活动。该业务能够为客户提供网上 B2B 支付平台。

（4）批量支付。批量支付业务能够为企业客户提供批量付款（包括同城、异地及跨行转账业务）、代发工资、一付多收等批量支付功能。

2．个人网上银行的主要功能

（1）账户信息查询。系统为客户提供信息查询功能，能够查询银行卡的人民币余额和活期一本通的不同币种的钞、汇余额；提供银行卡在一定时间段内的历史明细数据查询；下载包含银行卡、活期一本通一定时间段内的历史明细数据的文本文件；查询使用信用卡进行网上支付后的支付记录。

（2）人民币转账业务。系统能够提供个人客户本人的或他人的银行卡之间的卡卡转账服务。系统在转账功能上严格控制了单笔转账最大限额和当日转账最大限额，使客户的资金安全得到一定的保障。

（3）银证转账业务。银行卡客户在网上能够实现银转证、证转银、查询证券资金余额等功能。

（4）外汇买卖业务。客户通过网上银行系统能够进行外汇买卖，主要可以实现外汇即时买卖、外汇委托买卖、查询委托明细、查询外汇买卖历史明细、撤销委托等功能。

（5）账户管理业务。系统提供客户对本人网上银行各种权限功能、客户信息的管理及账户的挂失。

（6）B2C 网上支付。B2C 即商业机构对消费者的电子商务，指的是企业与消费者之间进行的在线式零售商业活动（包括网上购物和网上拍卖等）。

（四）网上银行业务流程及交易时的身份认证

1．客户开户流程

开户时，必须出具身份证或有关证件，并遵守有关实名制规定。开通网上银行有两种方式：一是银行柜台办理；二是先网上自助申请后，再到柜台签约。

2．网上交易

网上银行的具体交易流程如下：

（1）客户使用浏览器通过互联网链接到网银中心，发出网上交易请求。

（2）网银中心接受并审核客户的交易请求，并将交易请求转发给相应成员行的业务主机。

（3）成员行业务主机完成交易处理，并将处理结果返回给网银中心。

（4）网银中心对交易结果进行再处理后，返回相应信息给客户。

3．交易时的身份认证

（1）密码，即为网上交易时的口令，有登录密码和支付密码两种。登录密码是在登

录个人网上银行时使用的密码；支付密码是通过网上银行办理行内转账汇款、跨行转账汇款、境外外汇汇款及在线支付时使用的密码。

（2）文件数字证书。文件数字证书就是安装在电脑上的一个账户安全的控件，已安装的用户只需输入密码即可；未安装的用户则无法付款。

（3）动态口令卡。交易时，银行会随机询问口令卡上某行某列的数字，正确地输入对应的数字便可成功付款。

（4）动态手机口令。交易时，银行会向客户预留的手机发送短信，输入收到的短信便可成功付款。

（5）移动口令牌。付款时只需按移动口令牌上的键，就会出现当前代码，一分钟内在网上银行付款时可以凭此编码付款。

（6）移动数字证书。移动数字证书外观酷似日常储存电脑数据用的U盘，但其真正功能却不是储存数据。网络信息时代，人们对与个人身份相关的信息安全意识在逐步加强，为了使电脑数据具有加解密和口令安全存储等功能，研发出的具有类似生活中钥匙功能的小U盘，解决了人们加强信息安全管理的需要，如农行的K宝、工行的U盾等。它采用USB接口，外形小巧，便于携带，适用于系统安全登录、软件防盗版、信息加密等应用领域。

【例题2-31·多选题】个人网上银行具体业务功能包括（　　）。

A. 账户信息查询　　B. 人民币转账业务

C. 外汇买卖业务　　D. B2B网上支付

【正确答案】ABC

【答案解析】D选项，应该是B2C网上支付。

二、第三方支付

（一）第三方支付的概念

第三方支付是指经过中国人民银行批准从事第三方支付业务的非银行支付机构，借助通信、计算机和信息安全技术，采用与各大银行签约的方式，在用户与银行支付结算系统间建立连接的电子支付模式（其中通过手机端进行的，称为移动支付），本质上是一种新型的支付手段，是互联网技术与传统金融支付的有机结合。

非金融机构提供支付服务，应当取得《支付业务许可证》，成为支付机构。未经中国人民银行批准，任何非金融机构和个人不得从事或变相从事支付业务。

（二）第三方支付方式种类

1. 线上支付

线上支付是指通过互联网实现的用户和商户之间、商户和商户之间的在线货币支付、资金清算等行为。

2. 线下支付

线下支付是指通过非线上支付方式进行的支付行为，包括 POS 机刷卡支付、拉卡拉等自助终端支付、电话支付、手机近端支付等方式。

（三）第三方支付交易流程及其身份认证

1. 开户

支付机构为客户开立支付账户的，应当对客户实行实名制管理，登记并采取有效措施验证客户身份基本信息，按规定核对有效身份证件并留存有效身份证件复印件或者影印件，建立客户唯一识别编码，并在与客户业务关系存续期间采取持续的身份识别措施，确保有效核实客户身份及其真实意愿，不得开立匿名、假名支付账户。支付账户不得透支，不得出借、出租、出售，不得利用支付账户从事或者协助他人从事非法活动。

2. 账户充值

客户开户后，将银行卡和支付账户绑定。付款前，将银行卡中的资金转入支付账户。

3. 收、付款

客户下单后，付款时，通过支付平台将自己支付账户中的虚拟资金划转到支付平台暂存，待客户收到商品并确认后，支付平台会将款项划转到商家的支付账户中，支付行为完成。

4. 交易时的身份认证

支付机构可以组合选用下列三类要素，对客户使用支付账户付款进行身份验证：

（1）仅客户本人知悉的要素，如静态密码等。

（2）仅客户本人持有并特有的，不可复制或者不可重复利用的要素，如经过安全认证的的数字证书、电子签名等。

（3）客户本人生理特征要素，如指纹等。

支付机构应当确保采用的要素相互独立，部分要素的损坏或者泄露不应导致其他要素损坏或者泄露。

（四）第三方支付机构及支付账户管理规定

（1）支付机构应根据客户身份对同一客户在本机构开立的所有支付账户进行关联管理，并按照要求对个人支付账户进行分类管理。① Ⅰ类支付账户，账户余额仅可用于消费和转账，余额付款交易自账户开立起累计不超过 1 000 元（包括支付账户向客户本人同

名银行账户转账）；② Ⅱ类支付账户，账户余额仅可用于消费和转账，其所有支付账户的余额付款交易年累计不超过10万元(不包括支付账户向客户本人同名银行账户转账)；③ Ⅲ类支付账户，账户余额可以用于消费、转账以及购买投资理财等金融类产品，其所有支付账户的余额付款交易年累计不超过20万元（不包括支付账户向客户本人同名银行账户转账）。

（2）支付机构办理银行账户与支付账户之间转账业务的，相关银行账户与支付账户应属于同一客户。

（3）因交易取消（撤销）、退货、交易不成功或者投资理财等金融类产品赎回等原因需划回资金的，相应款项应当划回原扣款账户。

（4）支付机构应根据交易验证方式的安全级别，对个人客户使用支付账户余额付款的交易进行限额管理：① 支付机构采用包括数字证书或电子签名在内的两类（含）以上有效要素进行验证的交易，单日累计限额由支付机构与客户通过协议自主约定；② 支付机构采用不包括数字证书、电子签名在内的两类（含）以上有效要素进行验证的交易，单个客户所有支付账户单日累计金额应不超过5 000元（不包括支付账户向客户本人同名银行账户转账）；③ 支付机构采用不足两类有效要素进行验证的交易，单个客户所有支付账户单日累计金额应不超过1 000元（不包括支付账户向客户本人同名银行账户转账），且支付机构应当承诺无条件全额承担此类交易的风险损失赔付责任。

【例题2-32·多选题】第三方支付机构应对个人支付账户进行分类管理，下列说法中正确的有（　　）。

A. Ⅰ类支付账户，余额付款交易单日累计不超过1 000元

B. Ⅱ类支付账户，余额付款交易年累计不超过10万元

C. Ⅲ类支付账户，余额付款交易年累计不超过100万元

D. Ⅰ、Ⅱ类支付账户，其账户余额仅可用于消费和转账，Ⅲ类支付账户，其账户余额可用于投资理财

【正确答案】BD

【答案解析】选项A，应该是账户余额自账户开立之日起累计不超过1 000元。选项C，Ⅲ类支付账户，余额付款交易年累计不超过20万元。

【例题2-33·多选题】关于第三方支付机构对个人客户使用支付账户余额付款交易限额管理的说法中，表述错误的有（　　）。

A. 支付机构采用包括数字证书或电子签名在内的两类以上有效要素进行验证的交易，单日累计限额无上限

B. 支付机构采用不包括数字证书或电子签名在内的两类以上有效要素进行验证的交易，单个客户所有支付账户，单日累计限额应不超过5 000元

C. 支付机构采用不足两类有效要素进行验证的交易，单个客户所有支付账户，单日累计限额应不超过 3 000 元

D. 无论采用几类有效要素进行验证，支付机构均应当承诺无条件全额承担此类交易的风险损失赔付责任

【正确答案】ACD

【答案解析】选项 A，支付机构采用包括数字证书或电子签名在内的两类以上有效要素进行验证的交易，单日累计限额自主约定。选项 C，支付机构采用不足两类有效要素进行验证的交易，单个客户所有支付账户，单日累计限额应不超过 1 000 元。选项 D，不足两类有效要素进行验证的交易，支付机构应当承诺无条件全额承担此类交易的风险损失赔付责任。

思考与练习

一、单项选择题

1. 存款人因日常转账结算和现金收付需要而开立的银行结算账户是（　　）。

A. 一般存款账户　　B. 临时存款账户

C. 专用存款账户　　D. 基本存款账户

2. 存款人可以办理现金缴存，但不得办理现金支取的账户是（　　）。

A. 一般存款账户　　B. 临时存款账户

C. 专用存款账户　　D. 基本存款账户

3. 存款人按照法律、行政法规和规章，对其特定用途资金进行专项管理和使用而开立的银行结算账户是（　　）。

A. 一般存款账户　　B. 临时存款账户

C. 专用存款账户　　D. 基本存款账户

4. 临时存款账户最长有效期不得超过（　　）年。

A. 1　　B. 2　　C. 3　　D. 5

5. 出票银行签发的，由其在见票时按照实际结算金额无条件支付给收款人或者持票人的票据是（　　）。

A. 银行汇票　　B. 银行本票　　C. 支票　　D. 商业汇票

6. 银行汇票的持票人超过提示付款期提示付款的，代理付款人不予受理。该提示付款期为（　　）。

A. 自出票日起 1 个月　　B. 自出票日起 2 个月

C. 自出票日起 3 个月　　D. 自出票日起 6 个月

7.《支付结算办法》对商业汇票的最长付款期限有明确的规定。该期限是（　　）个月。

A. 1　　B. 3　　C. 6　　D. 9

8. 下列关于支票的表述中，不正确的是（　　）。

A. 支票没有金额限制，但是出票人只能在账户可用余额内签发支票，不能透支

B. 转账支票与现金支票均可以背书转让

C. 支票上印有“现金”字样的为现金支票，现金支票只能用于支取现金

D. 支票的金额、收款人名称，可以由出票人授权补记，未补记前不得背书转让和提示付款

9. 下列各项中，不符合票据和结算凭证填写要求的是（　　）。

A. 中文大写金额数字到“角”为止，在“角”之后没有写“整”字

B. 票据的出票日期使用阿拉伯数字填写

C. 阿拉伯小写金额数字前填写了人民币符号

D. 1月15日出票的票据，票据的出票日期栏填写为“零壹月壹拾伍日”

10. 下列表述中，正确的是（　　）。

A. 单位确需坐支现金的，必须事先报经单位决策层审查批准

B. 单位确需坐支现金的，必须事先报经中国人民银行总行审查批准

C. 单位确需坐支现金的，必须事先报经开户银行审查批准

D. 单位确需坐支现金的，必须事先报经中国人民银行各级分行审查批准

11. 关于现金管理的基本要求，下列说法中，不正确的是（　　）。

A. 开户单位应当建立健全现金账目，逐笔记载现金支付

B. 出纳人员不得兼任稽核、会计档案保管和收入、支出、费用、债权债务账目的登记工作

C. 单位可以由一人办理货币资金业务的全过程

D. 不准将单位收入的现金以个人名义存入储蓄

12. 下列关于银行本票的提示付款期限的表述中，错误的是（　　）。

A. 银行本票见票即付

B. 提示付款期限自出票日起最长不得超过1个月

C. 持票人超过付款期限提示付款的，代理付款人不予受理

D. 持票人超过提示付款期限不获付款的，在票据权利时效内向出票银行作出说明，并提供本人身份证件或单位证明，可持银行本票向出票银行请求付款

13. 银行卡分为人民币卡、外币卡、双币种卡是按照（　　）来划分的。

A. 发行主体是否在境内　　B. 是否给予持卡人授信额度

C. 信息载体不同　　D. 账户币种不同

14. 在票据背面或者粘单上记载有关事项并签章的票据行为是（　　）。

A. 出票　　B. 背书　　C. 保证　　D. 承兑

15. 汇票的保证不得附有条件，如果附有条件，其后果是（　　）。

A. 该保证无效

B. 视为未保证

C. 不影响对汇票的保证责任

D. 保证人对所附条件承担责任

16. 关于支票，下列表述错误的是（　　）。

A. 个人不能使用支票

B. 支票的基本当事人是出票人、付款人、收款人

C. 支票是见票即付的票据

D. 支票是由出票人签发的

17. 甲将一张 100 万元的汇票分别背书转让给乙 70 万元、丙 30 万元，下列有关该背书效力的表述中，正确的是（　　）。

A. 背书无效

B. 背书有效

C. 乙和丙中数额较大的有效

D. 乙和丙中签章在前的有效

18. 贷记卡持卡人非现金交易享受免息还款期，免息还款期最长为（　　）天。

A. 20　　B. 30　　C. 50　　D. 60

19. 银行承兑汇票应由（　　）签发。

A. 银行　　B. 出票人　　C. 保证人　　D. 存款人

20. 第三方支付账户管理规定Ⅱ类支付账户，账户余额仅可用于消费和转账，其所有支付账户的余额付款交易年累计不超过（　　）万元。

A. 5　　B. 10　　C. 15　　D. 20

二、多项选择题

1. 根据《银行账户管理办法》的规定，企事业单位的存款账户分为（　　）。

A. 基本存款账户

B. 一般存款账户

C. 临时存款账户

D. 专用存款账户

2. 根据《支付结算办法》的规定，支付结算的方式有（　　）。

A. 支票

B. 银行汇票

C. 委托收款

D. 商业汇票

3. 银行、单位和个人在办理结算的过程中，必须遵守的基本原则包括（　　）。

A. 恪守信用，履约付款

B. 必须提供担保

C. 谁的钱进谁的账，由谁支配

D. 银行不垫款

4. 下列事项中，开户单位不可以直接使用现金的有（　　）。

A. 发给公司甲某的 8 000 元工资

B．支付给公司临时工王某的2 000元劳务报酬

C．采购生产用原材料费用1 500元

D．出差人员出差必须随身携带的2 000元差旅费

5．根据《票据法》规定，下列关于支票的表述正确的有（　　）。

A．现金支票只能支取现金，不能用于转账

B．转账支票只能用于转账，不能支取现金

C．普通支票可以用于支取现金，也可以用于转账

D．划线支票只能用于支取现金，不能用于转账

6．一般存款账户的使用范围包括办理（　　）。

A．借款转存　　B．借款归还

C．现金缴存　　D．现金支取

7．基本存款账户的使用范围主要包括（　　）。

A．发放工资、奖金　　B．借款的转存和归还

C．日常经营活动的资金收付　　D．现金的支取

8．除国家法律、行政法规另有规定外，银行不得受理（　　）。

A．为单位或个人查询账户情况　　B．为单位或个人冻结款项

C．为单位或个人扣划款项　　D．为单位或个人开立账户

9．银行在银行结算账户的使用中，下列情形的（　　），应给予警告，并处以5 000元以上3万元以下的罚款。

A．违反规定办理个人银行结算账户转账结算

B．违反规定为存款人支付现金或办理现金存入

C．明知或应知是单位资金，而允许以自然人名称开立账户存储

D．提供虚假开户申请资料欺骗中国人民银行许可开立基本存款账户、临时存款账户、预算单位专用存款账户

10．签发汇兑凭证必须记载的事项有（　　）。

A．无条件支付的委托　　B．汇入地点、汇入行名称

C．委托日期　　D．确定的金额

11．出票人签发下列支票，银行应予以退票，并按票面金额处以5%但不低于1 000元罚款的为（　　）。

A．空头支票

B．支付密码错误的支票

C．出票日期未使用中文大写规范填写的支票

D．签章与其预留银行签章不符的支票

12．汇兑分为（　　）。

A．信汇　　B．电汇　　C．票汇　　D．转汇

13．根据《支付结算办法》的规定，下列各项中，（　　）属于汇票背书时应记载的内容。

A．背书签章　　B．背书日期

C．被背书人名称　　D．禁止背书的记载

14．根据规定，下列关于背书表述正确的有（　　）。

A．汇票转让只能采用背书的方式

B．出票人在汇票上记载“不得转让”字样的，不得转让

C．背书是一种要式行为，必须符合法定的形式

D．背书不得记载的内容包括附有条件的背书和部分背书两项

15．下列关于商业汇票的表述中，符合法律规定的有（　　）。

A．商业汇票的提示承兑期限，为自汇票到期日起 10 日内

B．商业汇票的提示付款期限，为自汇票到期日起 10 日内

C．商业汇票的付款期限，最长不得超过 6 个月

D．出票后定期付款的商业汇票，提示承兑期限为自出票日起 1 个月内

16．“¥1 409.50”可以写成（　　）。

A．人民币壹仟肆佰零玖元伍角

B．人民币一千四百九十元五角

C．人民币壹仟肆佰零玖元伍角整

D．人民币壹仟肆佰零玖元伍角正

17．以下关于票据和结算凭证的基本要求正确的有（　　）。

A．出票日期必须使用中文大写

B．¥107 000.53 大写金额可以写成人民币壹拾万柒仟元零伍角叁分或者人民币壹拾万零柒仟元伍角叁分

C．¥16 409.00 大写金额为人民币壹万陆仟肆佰零玖元

D．¥6 007.14 大写金额为人民币陆仟零柒元壹角肆分整

18．存款人有下列（　　）情形之一的，应向开户银行提出撤销银行结算账户的申请。

A．被撤并、解散、宣告破产或关闭的

B．注销、被吊销营业执照的

C．因迁址需要变更开户银行的

D．存款人尚未清偿开户银行债务的

19．银行卡按照发行主体是否在境内可以分为（　　）。

A．境内卡　　B．国内卡　　C．境外卡　　D．国外卡

20．按经营模式网上银行的分类包括（　　）。

A．单纯网上银行　　B．分支型网上银行

C．企业网上银行　　D．个人网上银行

三、判断题

1．《票据法》明确规定，支票限于见票即付，不得另行记载付款日期。另行记载付款日期的，该记载无效。（　　）

2．票据和结算凭证的金额，出票或者签发日期、收款人名称不得更改，更改的票据无效，更改的结算凭证，银行不予受理。（　　）

3．填写票据时，阿拉伯小写金额数字前面可以省略人民币符号“¥”。（　　）

4．银行一律不得为任何单位或者个人查询账户情况，不得为任何单位或者个人冻结、扣划款项，不得停止单位、个人存款的正常支付。（　　）

5．商业汇票是指出票人签发的，委托付款人在见票时或在指定日期无条件支付确定金额给收款人或者持票人的票据。（　　）

6．在普通支票左上角划两条平行线的，为划线支票，划线支票只能用于支取现金，不能用于转账。（　　）

7．票据的出票，是指出票人依据《票据法》的规定在原始票据上记载法定事项并签章，作成票据。（　　）

8．异地银行结算账户只能是单位开立。（　　）

9．个人银行结算账户仅限于办理现金存取业务，不得办理转账结算。（　　）

10．银行结算账户是指银行为存款人开立的办理资金收付的活期存款账户和定期存款账户。（　　）

11．银行不承担垫付任何款项的责任，以划清银行与开户单位的资金界限，保护银行资金的所有权和经营权，促使开户单位直接对自己的债权债务负责。（　　）

12．签发现金银行汇票，申请人和收款人必须均为个人。（　　）

13．持票人未按规定期限提示付款的，在作出说明后，承兑人或付款人仍应当继续对持票人承担付款责任，通过委托收款或票据交换系统向付款人付款的，视同持票人提示付款。（　　）

14．付款人承兑商业汇票，不得附有条件，承兑附有条件的，视为拒绝承兑。

（　　）

15．根据规定，汇票上未记载付款日期的，为见票即付。（　　）

16．部分背书是指背书人在背书时，将汇票金额的一部分或者将汇票金额分别转让给两人以上的背书。部分背书仍然有效。（　　）

17．信用卡可以对外出租或转让。（　　）

18．单位人民币卡销户时，其账户资金可以转入其基本存款账户，也可以提取现金。（　）

19．商业汇票只能在同城使用，不能在异地使用。（　）

20．线下支付是指通过互联网实现的用户和商户、商户和商户之间在线货币支付、资金清算、查询统计等过程。（　）

四、案例分析题（不定项选择）

1．2019 年 4 月，甲公司发生如下业务：

（1）甲企业开出一张付款期限为 3 个月的汇票给乙企业，丙企业在该汇票正面记载了保证事项，乙企业取得汇票后，将该汇票背书转让给了丁企业。

（2）甲企业采用汇总的方式结算前欠戊公司的贷款。

根据上述资料，回答下列问题：

（1）下列各项中，属于保证当事人的有（　）。

A．甲企业和乙企业　　B．甲企业和丙企业

C．丙企业和丁企业　　D．乙企业和丁企业

（2）关于背书事项，下列表述错误的是（　）。

A．若该票据记载不得转让，则该票据的背书无效

B．若该票据附有货到付款，则该票据背书无效

C．若该票据仅将一半转让给丁企业，则该票据的背书无效

D．若该票据标明商业汇票，则该票据无效

（3）下列各项中，不得背书转让的情形有（　）。

A．被拒绝承兑　　B．被拒绝付款

C．超过付款提示期　　D．票据记载不得转让

（4）保证的绝对记载事项有（　）。

A．被保证人的名称住所　　B．保证日期

C．保证文句　　D．保证人签单

（5）汇入银行向戊公司发出取款通知后，经过（　）个月无法交付的汇款，应主动办理退汇。

A．1　　B．2　　C．3　　D．6

2．甲公司在 A 银行开立了一个基本存款账户，后通过关系在 B 银行另开一个基本存款账户。此外，甲公司在 A 银行的同一分支机构开立了两个一般存款账户。公司根据其 20 天的日常零星开支所需要的现金数量自行确定库存现金限额。公司运行半年来，日常经营活动的资金收付均通过 B 银行的账户，还从其在 C 银行的账户上支付了职工工资。

根据上述资料，回答下列问题：

（1）甲公司可以开立（　　）个基本存款账户。

A．零　　B．1　　C．2　　D．不限

（2）甲公司可以开立（　　）个一般存款账户。

A．零　　B．1　　C．2　　D．不限

（3）上述行为中，违反我国银行账户管理规定的行为是（　　）。

A．通过关系在 B 银行另开一个基本存款账户

B．在 A 银行的同一分支机构开立了两个一般存款账户

C．日常经营活动的资金收付均通过 B 银行的账户

D．从其在 C 银行的账户上支付了职工工资

（4）甲公司的库存现金限额应由（　　）确定。

A．A 银行　　B．B 银行

C．C 银行　　D．甲公司

（5）关于甲公司的行为，可以给予的处罚是（　　）。

A．给予警告

B．处以 1 000 元的罚款

C．处以 1 万元以上 3 万元以下的罚款

D．处以 5 000 元以上 3 万元以下的罚款

第三章　税收法律制度

【引　　言】

税收是国家为了实现其职能的需要，凭借政治权力，按照法律规定的标准，无偿取得财政收入的一种特定分配方式。它具有强制性、无偿性和固定性的特征。税法，即税收法律制度，是指国家权力机关及其授权的行政机关制定的，用以调整国家与纳税人之间在征税方面的权利和义务关系的法律规范的总称。本章我们就税收、我国的主要税种、税收征管等知识进行学习。

【学习目标】

◎ 了解税收的概念、作用、特征和分类，了解税法的分类，掌握税法的构成要素。
◎ 掌握增值税、消费税、企业所得税和个人所得税的有关规定。
◎ 掌握税务登记、发票开具与管理、纳税申报、税款征收、税务代理、税务检查的方式和措施等法律规定。

第一节　税收法律制度概述

一、税收概述

（一）税收的概念与作用

1. 税收的概念

税收是国家为了实现其职能的需要，凭借政治权力，按照法律规定的标准，无偿取得财政收入的一种特定分配方式。它体现了国家与纳税人在征税、纳税的利益分配上的一种特殊关系，是一定社会制度下的一种特定分配关系。

2. 税收的作用

（1）税收是国家组织财政收入的主要形式。税收的这个作用是在其一出现时就有的。税收占财政收入的绝大部分，是国家凭借政治权力依法取得的收入。单位和个人都必须严格执法，从而使财政收入得到保证。

（2）税收是国家调控经济运行的重要手段。国家可以以税收为手段，对纳税人、征收对象、税率加以确定，设置具体的税收征管，以此调节经济的发展。当前为了扩大内需，

刺激投资、消费和出口，国家通过减免、优惠等税收政策刺激投资，用提高出口退税率等刺激出口，用征收利息税等措施刺激投资、扩大消费。

（3）税收具有维护国家政权的作用。国家政权是税收产生和存在的必要条件，而国家政权的存在又有赖于税收的存在，没有税收，国家机器就不可能有效运转。同时，税收分配不是按照等价原则和所有权原则进行分配的，而是凭借政治权利，对物质利益进行调节，体现国家政权的政治目的。

（4）税收是国际经济交往中维护国家利益的可靠保证。在国家经济交往中，任何国家对在本国境内从事生产经营的外国企业或个人都拥有税收管辖权，这是国家利益的具体体现。随着改革开放、经济全球化进程的进一步深入，国际交流与合作越来越频繁，建立和完善涉外税法，既维护了国家的利益，又为鼓励外商投资、保护外国企业和个人在华合法经营、发展国家间平等互利的经济技术合作，提供了可靠的法律保障。

（二）税收的特征与分类

1．税收的特征

税收与其他收入形式相比，具有强制性、无偿性和固定性三个特征。

（1）强制性。税收的强制性是指国家凭借政治权力，依照国家的法律、法规的规定进行征税。只要符合税法规定的应纳税条件，就必须无条件地履行纳税义务，否则将受到法律的制裁。

（2）无偿性。税收的无偿性是指国家对于纳税人是一种无偿的征收，不需要付出任何报酬或代价。

（3）固定性。税收的固定性是指税收是按照国家法律规定的范围、标准、环节、期限等进行征收。这些标准在一定时期内具有相对的稳定性，从而使国家税收具有客观的标准，未经立法程序不得随意变更或修改。

2．税收的分类

税收的分类是指按照一定的标准对于不同税种进行归类。我国对税收的分类，依据不同的标准，有不同的分类方法。

（1）按征税对象分类，可分为以下五种：

流转税类：是以货物、应税劳务、无形资产，以及不动产的流转额为征税对象的一类税收，如增值税、消费税、关税等。流转税是我国税制体系中的主体税种，其中又以增值税为主。

所得税类：是指以纳税人的各种所得额为课税对象的一类税收，如企业所得税、个人所得税等。

财产税类：以纳税人所拥有或支配的特定财产为征税对象的一类税收，如房产税、城市房地产税、城镇土地使用税、车船税、契税、船舶吨税等。

资源税类：以自然资源和某些社会资源为征税对象的税种，如资源税、土地增值税、城镇土地使用税等。

行为税类：也称特定行为目的税类，是国家为了实现某种特定目的，以纳税人的某些特定行为为征税对象的税种，如城市维护建设税、印花税、车辆购置税、耕地占用税等。

（2）按征收管理的分工体系分类，可分为以下两种：

工商税类：以从事工业、商业和服务业的单位和个人为纳税人的各种税的总称，包括增值税、消费税、资源税、企业所得税、个人所得税等。工商税收范围较广，既涉及社会再生产的各个环节，也涉及生产、流通、分配、消费的各个领域，是筹集国家财政收入，调节宏观经济最主要的税收工具。

关税类：对进出关境的货物、物品征收的税种的总称，主要是指进出口关税，不包括由海关代征的进口环节增值税、消费税和船舶吨税，以及对入境旅客行李物品和个人邮递物品征收的进口税。该类税收由海关征收。

（3）按税收征收权限和收入分配权限分类，可分为以下三种：

中央税（国税）：是指由中央立法、收入划归中央并由中央管理的税收，主要包括消费税（含进口环节由海关代征的部分）、关税、车辆购置税和海关代征的进口环节增值税等。

地方税（地税）：地方税是指由中央统一立法或授权立法、收入划归地方，并由地方负责管理的税收，主要包括城镇土地使用税、耕地占用税、土地增值税、房产税、车船税、契税等。

中央地方共享税：中央、地方政府的共同收入。该类税收由中央、地方政府按一定比例分享税收收入，目前由国家税务总局负责征收，如增值税、企业所得税、个人所得税、资源税、证券交易印花税等。

（4）按计税标准分类，可分为以下三种：

从价税：以课税对象的价格作为计税依据，一般实行比例税率和累进税率，税收负担比较合理，如我国现行的增值税、企业所得税、个人所得税等税种。

从量税：以征税对象的数量、重量、体积等作为计税依据，其课税数额与征税对象数量相关而与价格无关。从量税实行定额税率，不受征税对象价格变动的影响，税负水平较为固定，计算简便，如车船税和城镇土地使用税以及消费税中的啤酒、黄酒等。

复合税：对某些货物或物品既征收从价税，又征收从量税，即采用从量税和从价税同时征收的一种方法，如我国现行的对白酒、卷烟征收的消费税。

【例题 3-1·多选题】下列选项中，属于流转税的有（　　）。

A. 增值税　　B. 消费税　　C. 关税　　D. 所得税

【正确答案】ABC

【答案解析】流转税包括增值税、消费税、关税等。

【例题 3-2·多选题】在我国现行的下列税种中，属于行为税类的是（　　）。

A. 房产税　　B. 印花税

C. 车船购置税　　D. 资源税

【正确答案】BC

【答案解析】本题考核行为税包括的税种。选项 A 房产税属于财产税，选项 D 资源税属于资源税。

二、税法概述

（一）税法与税收的关系

1. 税法的概念

税法是国家权力机关和行政机关制定的用以调整国家与纳税人之间在税收征纳方面的权利与义务关系的法律规范的总称。

2. 税收与税法的关系

税收与税法存在着密切的联系。税收活动必须严格依照税法的规定进行，税法是税收的法律依据和法律保障；税法又必须以保障税收活动的有序进行为其存在的理由和依据。税收是一种经济活动，属于经济基础范畴，而税法是一种法律制度，属于上层建筑范畴。

（二）税法的分类

1. 按税法的功能作用不同分类

按税法的功能作用不同，税法分为税收实体法和税收程序法。

（1）税收实体法主要是指确定税种立法，具体规定各税种的征收对象、征收范围、税目、税率、纳税地点等的法律规范的总称。例如，《中华人民共和国增值税暂行条例》（以下简称《增值税暂行条例》）、《中华人民共和国企业所得税法》（以下简称《企业所得税法》）和《中华人民共和国个人所得税法》（以下简称《个人所得税法》）都属于税收实体法。

（2）税收程序法是指税务管理方面的法律，主要包括税收管理法、纳税程序法、发票管理法、税务机关组织法、税务争议处理法等。例如，《中华人民共和国税收征收管理法》（以下简称《税收征收管理法》）、《中华人民共和国海关法》（以下简称《海关法》）和《中华人民共和国进出口关税条例》（以下简称《进出口关税条例》）都属于税收程序法。

2. 按照主权国家行使税收管辖权不同分类

按照主权国家行使税收管辖权不同，税法分为国内税法、外国税法和国际税法。

（1）国内税法是指一国在其税收管辖权范围内，调整国家与纳税人之间权利义务关系的法律规范的总称。国内税法一般按照属人或属地原则，规定一个国家的内部税收制度。

（2）国际税法是指国家间形成的税收制度，主要包括双边或多边国家间的税收协定、条约和国际惯例等。一般而言，其效力高于国内税法。

（3）外国税法是指外国各个国家制定的税收法律制度。

3. 按税法法律级次不同分类

按税法法律级次不同，税法分为税收法律、税收行政法规、税收规章和税收规范性文件。

（1）税收法律是指全国人民代表大会及其常务委员会制定的法律。税收法律规定和调整国家与纳税人之间的基本税收关系，如《中华人民共和国税收征收管理法》《中华人民共和国个人所得税法》《中华人民共和国企业所得税法》三部法律。税收法律的法律效力和法律地位仅次于宪法而高于税收法规和规章。

（2）税收行政法规是国务院依据宪法和法律的授权所制定的有关税收方面的行政法规和规范性文件，由总理签署国务院令公布，主要形式为“条例”或“暂行条例”等。如《中华人民共和国税收征收管理法实施细则》《中华人民共和国增值税暂行条例》等。其效力低于宪法、税收法律，但高于税收规章。

（3）税收规章是指国务院税收管理职能部门、地方人民政府在其职权范围内依法制定、发布的税收规范性文件，如财政部、国家税务总局、海关总署和地方政府在其职权范围内制定的税收规范性文件。

（4）税收规范性文件是国家税务总局、财政部或其他税务管理部门就税收工作中某些方面、某些税收事宜制定的一些具体、详细的补充规定，如国家税务总局制定的《增值税专用发票使用规定》。制定税收规范性文件的目的是方便税法的贯彻执行。

（三）税法的构成要素

税法的构成要素是指各种单行税法应当具备的基本要素的总称。税法的构成要素既包括实体性的，也包括程序性的。税法的构成要素一般包括征税人、纳税义务人、征税对象、税目、税率、纳税环节、纳税期限、纳税地点、减免税和法律责任。其中，纳税人、征税对象和税率是构成税法的三个最基本的要素。

1. 征税人

征税人是指代表国家行使税收职权的各级税务机关和其他征收机关。因税种的不同，征税人也可能不同，如增值税的征税人是税务机关，关税的征税人是海关。

【例题 3-3 · 多选题】 我国税收法律关系中的征税主体包括（　　）。

A. 税务机关　　B. 税务师事务所

C. 海关　　D. 审计机关

【正确答案】AC

【答案解析】本题考核税收法律关系征税主体的范围。在我国税收法律关系中，征税主体是代表国家行使征税职责的国家机关，包括国家各级税务机关、海关。

2．纳税义务人

纳税人，又称纳税义务人，是指税法规定的直接负有纳税义务的自然人、法人和其他组织。例如，资源税的纳税人是在我国境内开采《中华人民共和国资源税暂行条例》（以下简称《资源税暂行条例》）规定的矿产品或者生产盐的单位和个人。

与纳税人相对应的还有扣缴义务人，是指税法直接规定的负有代扣代缴、代收代缴义务的单位和个人。

3．征税对象

征税对象，又称课税对象，是纳税的客体。征税对象是指税法规定对什么征税，是区分不同税种的主要标志。不同的征税对象构成不同的税种。

4．税目

税目是征税客体的具体化，它反映了征税的具体范围，是征税的具体依据。规定税目的目的有两个：一是为了明确征税的具体范围；二是为了对不同的征税项目加以区分，从而制定高低不同的税率。

5．税率

税率是指应纳税额与征税客体数额之间的数量关系或比例，是计算应纳税额的尺度。税率的高低直接关系到国家财政收入的多少和纳税人的负担水平，是税法的核心要素。我国现行的税率主要有比例税率、累进税率和定额税率等。

（1）比例税率：对同一征税对象，不论其数额大小，均按同一比例征税的税率。其主要优点是计算简便，便于征收和缴纳。

（2）累进税率：是根据征税对象数额的大小，规定不同等级的税率。即征税对象数额越大，税率越高；反之，则税率越小。累进税率一般多在收益课税中使用，包括全额累进税率、超额累进税率和超率累进税率三种形式。我国现行税法体系采用的累进税率形式只有超额累进税率和超率累进税率。

① 超额累进税率是将征税对象的数额划分为不同的部分，按不同的部分规定不同的税率，对每个等级分别计算税额。例如，我国《个人所得税法》中，工资薪金所得应缴纳的个人所得税执行3%～45%的七级超额累进税率。

② 超率累进税率是以征税对象数额的相对率划分若干级距，分别规定相应的差别税率，相对率每超过一个级距的，对超过的部分就按高一级的税率计算征税。目前，我国采用这种税率的是土地增值税。

（3）定额税率，又称规定税率，是指按征税对象的一定单位直接规定固定的税额，而不采取百分比的形式。目前采用定额税率的有城镇土地使用税、车船税等。

6. 计税依据

计税依据是指计算应纳税额的依据或标准，即根据什么来计算纳税人应缴纳的税额。计税依据一般有以下三种：

（1）从价计征。即以不含税的销售额（收益额、财产额、资金额等）为计税依据。其计算公式为：

应纳税额=计税金额×适用税率

计税金额=征税对象的数量×计税价格

（2）从量计征。即以征税对象的重量、体积、数量为计税依据。我国消费税对黄酒、啤酒、汽油、柴油实行定额税率，采用从量定额的办法征税。其计算公式为：

应纳税额=计税数量×单位适用税额

（3）复合计征既包括从量计征又包括从价计征。消费税中的卷烟、白酒实行从量定额和从价定率相结合计算应纳税额的复合计税办法。其计算公式为：

应纳税额=销售数量×定额税率+销售额×比例税率

7. 纳税环节

商品流转的过程中，包括工业生产、农业生产、货物进出口、农产品采购或发运、商业批发、商业零售等在内的各个环节，如果被确定应当缴纳税款的环节，就是纳税环节。如现行增值税的征收是从商品生产环节到商业零售环节，每一个环节都要就其增值部分纳税。

8. 纳税期限

纳税期限是纳税人纳税义务发生后应依法缴纳税款的期限。纳税期限大体上可以分为几种情况：按期纳税、按次纳税、按期预缴、年终汇算清缴。我国税法对不同的税种根据不同的情况规定了各自的纳税期限。

9. 纳税地点

纳税地点是指根据各个税种纳税对象的纳税环节和有利于税源控制的原则而规定的纳税人具体的纳税地点。

10. 减免税

减免税是国家对某些纳税人和征税对象给予鼓励和照顾的一种特殊规定。减免税主要包括三个方面的内容：

（1）减税和免税。减税是指对应征税款减少征收一部分；免税是对按规定应征收的税款全部免除。

（2）起征点，又称征税起点或起税点，是指税法规定对征税对象开始征税的起点数额。征税对象的数额达到或超过起征点的就全部数额征税（而不是仅对超过起征点的部分

征收），未达到起征点的不征税。

（3）免征额。税法规定的征税对象全部数额中免予征税的数额。当课税对象小于起征点和免征额时，都不予征税；当课税对象大于起征点和免征额时，起征点制度要对课税对象的全部数额征税，免征额制度仅对课税对象超过免征额部分征税。

11．法律责任

法律责任，又称罚则，是指对违反国家税法规定的行为人采取的处罚措施，包括行政责任和刑事责任。

【例题 3-4 · 单选题】我国个人所得税的计算中，按税法规定，可以按扣除 5 000 元后的金额（不考虑专项附加扣除）计算应纳税额，该 5 000 元指的是（　　）。

A. 起征点　　B. 免征额　　C. 税率式减免　　D. 税额式减免

【正确答案】B

【答案解析】本题考核减免税的相关规定。免征额是指对课税对象总额中免予征税的数额。即对纳税对象中的一部分给予减免，只就减除后的剩余部分计征税款。个人所得税计算中按规定扣除的 5 000 元属于免征额，而不是起征点。

第二节　我国的主要税种

我国现行税种主要包括增值税、消费税、关税、企业所得税、个人所得税、房产税、车辆购置税、城镇土地使用税、资源税、车船税、城市维护建设税、印花税、耕地占用税、契税、土地增值税和烟叶税等。下面主要介绍增值税、消费税、企业所得税和个人所得税四种税种。

一、增值税

（一）增值税的概念和分类

1．增值税的概念

增值税是以销售货物、应税服务、无形资产及不动产过程中产生的增值额作为计税依据而征收的一种流转税。这里所说的“增值额”，是以纳税人在生产、经营或劳务、服务活动中所创造的新增价值，即纳税人在一定时期内销售货物、应税服务、无形资产及不动产所取得的收入大于其购进货物或取得劳务、服务时所支付金额的差额。

2．增值税的分类

根据税基和购进资产的进项税额是否扣除及如何扣除，增值税分为生产型增值税、收入型增值税和消费型增值税三种。

（1）生产型增值税：是以纳税人的销售收入（或劳务收入）减去用于生产、经营的外购原料、动力等物质资料价值后的余额作为法定的增值额，对于购置的固定资产及其折旧不予扣除。就整个社会来说，其征税对象相当于国民生产总值，所以称其为“生产型”增值税。

（2）收入型增值税：除允许扣除外购物质资料的价值以外，对于购置用于生产、经营用的固定资产，允许将已提折旧的价值额予以扣除。即对于购入的固定资产，可以按照磨损程度相应地给予扣除。就整个社会来说，其征税对象相当于国民收入，所以称其为“收入型”增值税。

（3）消费型增值税：即允许纳税人将购置物质资料的价值和用于生产经营的固定资产价值中所包含的税额，在购置当期全部一次扣除。就整个社会来说，一次扣除的，其征税对象相当于社会消费资料，所以称其为“消费型”增值税。我国从2009年1月1日起实行消费型增值税。

（二）增值税的征税范围

1. 征税范围的基本规定

（1）销售或者进口货物。货物是指有形动产，包括电力、热力、气体在内。销售货物是指有偿转让货物的所有权。有偿是指从购买方取得货币、货物或者其他经济利益。进口货物是指申报进入我国海关境内的货物。

（2）提供的加工、修理修配劳务。提供加工、修理修配劳务是指有偿提供加工、修理修配劳务。加工是指受托加工货物，即委托方提供原料及主要材料，受托方按照委托方的要求，制造货物并收取加工费的业务；修理修配是指受托对损伤和丧失功能的货物进行修复，使其恢复原状和功能的业务。但单位或个体经营者聘用的员工为本单位或雇主提供加工、修理修配劳务，不包括在内。

（3）销售服务、无形资产或者不动产。销售服务、无形资产或者不动产是指有偿提供服务、有偿转让无形资产或者不动产，但属于下列非经营活动的情形除外：

① 行政单位收取的同时满足以下条件的政府性基金或者行政事业性收费：由国务院或者财政部批准设立的政府性基金，由国务院或者省级人民政府及其财政、价格主管部门批准设立的行政事业性收费；收取时开具省级以上（含省级）财政部门监（印）制的财政票据；所收款项全额上缴财政。

② 单位或者个体工商户聘用的员工为本单位或者雇主提供取得工资的服务。

③ 单位或者个体工商户为聘用的员工提供服务。

④ 财政部和国家税务总局规定的其他内容。

2. 销售服务、无形资产、不动产的具体内容

（1）销售服务是指提供交通运输服务、邮政服务、电信服务、建筑服务、金融服务、

现代服务和生活服务。

（2）销售无形资产是指转让无形资产所有权或者使用权的业务活动，无形资产包括技术、商标、著作权、商誉、自然资源使用权和其他权益性无形资产。

（3）销售不动产是指转让不动产所有权的业务活动。不动产包括建筑物、构筑物等。

3. 征收范围的特殊规定

（1）视同销售货物。单位或个体经营者的下列行为，视同销售货物：① 将货物交付其他单位或者个人代销；② 销售代销货物；③ 设有两个以上机构并实行统一核算的纳税人，将货物从一个机构移送其他机构用于销售，但相关机构设在同一县（市）的除外；④ 将自产、委托加工的货物用于非增值税应税项目；⑤ 将自产、委托加工的货物用于集体福利或个人消费；⑥ 将自产、委托加工或购进的货物作为投资，提供给其他单位或个体工商户；⑦ 将自产、委托加工或购进的货物分配给股东或投资者；⑧ 将自产、委托加工或购进的货物无偿赠送其他单位或个人。

（2）视同销售服务、无形资产或者不动产。下列情形视同销售服务、无形资产或者不动产：① 单位或者个体工商户向其他单位或者个人无偿提供服务，但用于公益事业或者以社会公众为对象的除外；② 单位或者个人向其他单位或者个人无偿转让无形资产或者不动产，但用于公益事业或者以社会公众为对象的除外；③ 财政部和国家税务总局规定的其他情形。

（3）混合销售。一项销售行为如果既涉及货物又涉及服务，为混合销售。从事货物的生产、批发或者零售的单位和个体工商户的混合销售行为，按照销售货物缴纳增值税；其他单位和个体工商户的混合销售行为，按照销售服务缴纳增值税。

上述从事货物的生产、批发或者零售的单位和个体工商户，包括以从事货物的生产、批发或者零售为主，并兼营销售服务的单位和个体工商户在内。

（4）兼营。兼营是指纳税人的经营范围既包括销售货物和应税劳务，又包括销售服务、无形资产或者不动产。与混合销售行为不同的是，兼营是指销售货物、应税劳务、服务、无形资产或者不动产不同时发生在同一购买者身上，也不发生在同一项销售行为中。

纳税人销售货物、加工修理修配劳务、服务、无形资产或者不动产适用不同税率或者征收率的，应当分别核算适用不同税率或者征收率的销售额，未分别核算销售额的，按照以下方法适用税率或者征收率：① 兼有不同税率的销售货物、加工修理修配劳务、服务、无形资产或者不动产，从高适用税率；② 兼有不同征收率的销售货物、加工修理修配劳务、服务，无形资产或者不动产，从高适用征收率；③ 兼有不同税率和征收率的销售货物，加工修理修配劳务、服务、无形资产或者不动产，从高适用税率。

（三）增值税的纳税人

在我国境内销售货物、应税服务、无形资产及不动产的单位和个人，为增值税纳税人。

按照经营规模的大小和会计核算健全与否等标准，增值税纳税人可分为一般纳税人和小规模纳税人。

1. 增值税一般纳税人

增值税一般纳税人是指年应纳税销售额超过小规模纳税人标准或符合税法规定情形的企业和企业性单位。下列纳税人不属于一般纳税人：

（1）年应纳税销售额未超过小规模纳税人标准的企业。

（2）除个体经营以外的其他个人。

（3）非企业性单位。

（4）不经常发生增值税应税行为的企业。

2. 增值税小规模纳税人

小规模纳税人是指年销售额在规定标准以下，并且会计核算不健全，不能按规定报送有关税务资料的增值税纳税人。根据最新税法的规定，自 2018 年 5 月 1 日起，各行业小规模纳税人的认定标准为年应征增值税销售额 500 万元及以下。

在 2018 年 5 月 1 日前在已登记为增值税一般纳税人的单位或个人，可在 2018 年 12 月 31 日前转登记为小规模纳税人，其未抵扣的进项税额作转出处理。

（四）增值税税率和征收率

我国增值税采用比例税率，分为基本税率、低税率和零税率三档，适用于一般纳税人；小规模纳税人采取征收率。

1. 基本税率

增值税的基本税率为 13%，适用于纳税人销售或者进口货物（适用 9%的低税率的除外），提供加工、修理修配劳务，以及有形动产租赁服务。

2. 低税率

纳税人销售或者进口下列货物，税率为 9%：农产品（含粮食）、自来水、暖气、石油液化气、天然气、食用植物油、冷气、热水、煤气、居民用煤炭制品、食用盐、农机、饲料、农药、农膜、化肥、沼气、二甲醚、图书、报纸、杂志、音像制品、电子出版物。

提供交通运输、邮政、基础电信、建筑、不动产租赁服务，销售不动产，转让土地使用权，税率为 9%。

纳税人销售增值电信服务、金融服务、现代服务和生活服务，销售土地使用权以外的无形资产，税率为 6%。

3. 零税率

纳税人出口货物，税率为零，国务院另有规定的除外；境内单位和个人发生跨境销售服务、无形资产或者不动产行为，税率为零，具体范围由财政部和国家税务总局另行规定。

4．征收率

增值税征收率为3%，财政部和国家税务总局另有规定的除外。

纳税人兼有不同税率或者征收率的销售货物、提供加工修理修配劳务或者销售服务、无形资产或者不动产的，应当分别核算适用不同税率或者征收率的销售额，未分别核算销售额的，从高适用税率。

（五）增值税一般纳税人应纳税额的计算

按照税法规定，一般纳税人销售货物或者提供应税劳务，其应纳税额为当期销项税额抵扣当期进项税额后的余额。应纳税额计算公式为：

应纳税额=当期销项税额−当期进项税额=当期销售额×适用税率−当期进项税额

增值税一般纳税人可以使用增值税专用发票，实行税款抵扣制度计算增值税应纳税额。当期销项税额小于当期进项税额不足抵扣时，其不足部分可以结转下期继续抵扣。

【例题3-5·简答题】增值税制实行凭票抵扣税款制度如何解释？

【答案解析】增值税一般纳税人可以使用增值税专用发票，实行税款抵扣制度计算增值税应纳税额。当期销项税额小于当期进项税额不足抵扣时，其不足部分可以结转下期继续抵扣。如某公司是增值税一般纳税人，6月购原材料10 000元，并取得增值税发票，票面金额为1 300元，6月销售货物20 000元，并开出发票，税金为2 600元，则该公司可以在6月底向国税部门申请认证抵扣，这样，该公司6月底实际只用交纳的税金为2 600−1 300=1 300元。

1．销售额

增值税销售额是指纳税人销售货物或者提供应税劳务，向购买方或承受应税劳务方收取的全部价款和一切价外劳务费用，但不包括收取的销售税额。纳税人收取的销售额如为含增值税的销售额，在计税时应换算为不含增值税的销售额。其计算公式为：

不含税销售额=含税销售额÷（1+税率或征收率）

纳税人发生应税行为价格明明显偏低或者偏高且不具有合理商业目的的，或者发生视同销售、视同应税服务行为而无销售额的，主管税务机关有权按照下列顺序确定销售额：

（1）按照纳税人最近时期销售同类服务、无形资产或者不动产的平均价格确定。

（2）按照其他纳税人最近时期销售同类服务、无形资产或者不动产的平均价格确定。

（3）按照组成计税价格确定。

① 不征消费税的，组成计税价格的公式为：

组成计税价格=成本×（1+成本利润率）

② 从价定率计征消费税的，组成计税价格的公式为：

组成计税价格=成本×（1+成本利润率）÷（1−消费税税率）

2．销项税额

销项税额是指纳税人发生应税行为，按照销售额和增值税税率计算的增值税额。销项税额的计算公式为：

销项税额=销售额×税率

或　销项税额=组成计税价格×税率

这里包含了两层意思：一是销项税额是按照销售额和规定的税率计算出来的；二是销项税额是向货物或应税劳务的购买方收取的。在增值税的计算征收中，只有一般纳税人才会出现和使用销项税额的概念。

【例题 3-6・计算题】某公司为增值税一般纳税人，2019 年 6 月销售钢材一批，不含税销售额为 8 000 元，税率 13%，计算该公司 6 月增值税销项税额。

【答案解析】

销项税额=销售额×税率=8 000×13%=1 040 元

【例题 3-7・计算题】A 公司为增值税一般纳税人，其销售钢材一批，含税的价格为 22 600 元，税率 13%，计算该公司其增值税销项税额。

【答案解析】

不含税销售额=含税销售额÷（1+税率）=22 600÷（1+13%）=20 000 元

销项税额=销售额×税率=20 000×13%=2 600 元

3．进项税额

进项税税额是指一般纳税人购进货物、加工修理修配劳务、服务、无形资产或者不动产所支付或者承担的增值税税额。进项税额的计算公式为：

进项税额=买价（购进货物的不含税价格）×税率

=含税销售额÷（1+税率）×税率

【例题 3-8・计算题】某公司为增值税一般纳税人，2019 年 7 月初增值税进项税余额为零，7 月该公司发生以下经济业务：

（1）外购用于生产家具的木材一批，全部价款已付并验收入库，取得对方开具的增值税专用发票注明的货款（不含增值税）为 40 万元，运输单位开具的货运发票注明的运费金额为 1 万元。

（2）销售家具一批，取得销售额（含增值税）146.9 万元。

计算该公司 7 月份增值税应纳税额。

【答案解析】

该公司7月份销项税额=含税销售额÷（1+税率）×税率=146.9÷（1+13%）×13%=16.9万元

该公司7月份进项税额=40×13%+1×9%=5.29万元

该公司7月份应纳增值税税额：

当期销项税额−当期进项税额=16.9−5.29=11.61万元

（六）增值税小规模纳税人应纳税额的计算

小规模纳税人实行简易办法征收增值税，并不得抵扣进项税额。其应纳税额计算公式为：

小规模纳税人的应纳税额=不含税销售额×征收率（3%）

不含税销售额=含税销售额÷（1+3%）

【例题3-9·计算题】某企业为小规模纳税人，2019年4月，该企业外购货物15万元，支付增值税进项税额2.5万元。本月销售货物共收取价款24.6万元（含税销售额）。该企业4月份应纳增值税税额是多少？

【答案解析】根据规定，小规模纳税人销售货物，不采用税款抵扣制，而采用简易办法纳税，即将含税销售额换算为不含税销售额后直接乘以3%计算应纳税额，其计算公式为：1月份增值税应纳税额=24.6÷（1+3%）×3%=0.716 5万元。所以，该企业4月份增值税应纳税额是0.716 5万元。

（七）增值税征收管理

1. 纳税义务发生时间

纳税义务的发生时间，是纳税人发生应税行为应当承担纳税义务的起始时间。具体确定为：

（1）采用直接收款方式销售货物，不论货物是否发出，均为收到销售款或者取得索取销售款凭证的当天；先开具发票的，为开具发票的当天。

（2）纳税人发生销售服务、无形资产或者不动产行为的，为收讫销售款或者索取销售款项凭据的当天；先开具发票的，为开具发票的当天。

（3）采取托收承付和委托银行收款方式销售货物，为发出货物并办妥托收手续的当天。

（4）采取赊销和分期收款方式销售货物，为书面合同约定的收款当天，无书面合同或者书面合同没有约定收款日期的，为货物发出的当天。

（5）采取预收货款方式销售货物，为货物发出的当天；但生产销售生产工期超过

12 个月的大型机械设备、船舶、飞机等货物，为收到预收款或者书面合同约定的收款日期的当天。纳税人提供有形动产租赁服务采取预收款方式的，其纳税义务发生时间为收到预收款的当天。纳税人提供建筑服务、租赁服务采取预收款方式的，其纳税义务发生时间为收到预收款的当天。

（6）委托其他纳税人代销货物，为收到代销单位的代销清单或者收到全部或者部分货款的当天。未收到代销清单及货款的，为发出代销货物满 180 天的当天。

（7）纳税人从事金融商品转让的，为金融商品所有权转移的当天。

（8）纳税人发生视同销售货物行为，为货物移送的当天。纳税人发生视同销售服务、无形资产或者不动产行为的，其纳税义务发生时间为销售服务、无形资产或者不动产权属变更的当天。

（9）纳税人进口货物，纳税义务发生时间为报关进口的当天。

（10）增值税扣缴义务发生时间为纳税人增值税纳税义务发生的当天。

2．纳税期限

纳税期限是指纳税人按照税法规定缴纳税款的期限，是负有纳税义务的纳税人向国家缴纳税款的最后时间限制。

增值税纳税期限（即多长时间纳一次税）分别为 1 日、3 日、5 日、10 日、15 日、1 个月或 1 个季度。纳税人的具体纳税期限，由主管税务机关根据纳税人应纳税额的大小分别核定。不能按照固定期限纳税的，可以按次纳税。

纳税人以 1 个月或者 1 个季度为 1 个纳税期的，自期满之日起 15 日内申报纳税；以 1 日、3 日、5 日、10 日或者 15 日为 1 个纳税期的，自期满之日起 5 日内预缴税款，于次月 1 日起 15 日内申报纳税并结清上月应纳税款。

3．纳税地点

（1）固定业户应当向其机构所在地的主管税务机关申报纳税。

（2）固定业户到外县（市）销售货物或者应税劳务，应当向其机构所在地的主管税务机关申请开具《外出经营活动税收管理证明》，并向其机构所在地的主管税务机关申报纳税；未开具证明的，应当向销售地或者劳务发生地的主管税务机关申报纳税；未向销售地或者劳务发生地的主管税务机关申报纳税的，由其机构所在地的主管税务机关补征税款。

（3）非固定业户销售货物或者应税劳务，应当向销售地或者劳务发生地的主管税务机关申报纳税；未向销售地或者劳务发生地的主管税务机关申报纳税的，由其机构所在地或者居住地的主管税务机关补征税款。

（4）进口货物，应当向报关地海关申报纳税。

（5）扣缴义务人应当向其机构所在地或者居住地的主管税务机关申报缴纳其扣缴的税款。

二、消费税

（一）消费税的概念

消费税是指对在我国境内从事生产、委托加工和进口应税消费品的单位和个人，就其特定的消费品和消费行为在特定的环节征收的一种流转税。

（二）消费税的征税范围

1. 生产应税消费品

生产应税消费品在生产销售环节征税。纳税人将生产的应税消费品换取生产资料、消费资料、投资入股、偿还债务，以及用于继续生产应税消费品以外的其他方面都应缴纳消费税。

用于连续生产应税消费品是指纳税人将自产自用应税消费品作为直接材料生产最终应税消费品，自产自用应税消费品构成最终应税消费品的实体。

用于其他方面是指纳税人将自产自用的应税消费品用于生产非应税消费品、在建工程、管理部门、非生产机构、提供劳务、馈赠、赞助、集资、广告、样品、职工福利和奖励等方面。

2. 委托加工应税消费品

委托加工应税消费品是指委托方提供原料和主要材料，受托方只收取加工费和代垫部分辅助材料加工的应税消费品。

委托加工的应税消费品，除受托方为个人外，由受托方向委托方交货时代收代缴税款；委托个人加工的应税消费品，由委托方收回后缴纳消费税。

委托加工的应税消费品，委托方用于连续生产应税消费品的，所纳税款准予按规定抵扣；直接出售的，不再缴纳消费税。

3. 进口应税消费品

单位和个人进口应税消费品，于报关进口时由海关代征消费税。

4. 批发、零售应税消费品

（1）批发销售卷烟。卷烟除了在生产销售环节征收消费税外，还在批发环节征收一次。自 2015 年 5 月 10 日起，卷烟批发环节消费税的从价税税率由 5%提高至 11%，并按 0.005 元/支加征从量税。

（2）零售金银首饰。零售环节征收消费税的金银首饰仅限于金基、银基合金首饰以及金、银和金基、银基合金的镶嵌首饰。

对既销售金银首饰，又销售非金银首饰的生产、经营单位，应将两类商品划分清楚，分别核算销售额。金银首饰连同包装物一起销售的，无论包装物是否单独计价，也无论会计上如何核算，均应并入金银首饰的销售额，计征消费税。

纳税人采用以旧换新（含翻新改制）方式销售的金银首饰，应按实际收取的不含增值税的全部价款确定计税依据征收消费税。

（三）消费税纳税人

在中华人民共和国境内生产、委托加工和进口《消费税暂行条例》规定的消费品的单位和个人，以及国务院确定的销售《消费税暂行条例》规定的消费品的其他单位和个人为消费税纳税人。

（四）消费税税目和税率

1. 消费税税目

我国消费税的税目共有 15 个，分别是：烟；酒；高档化妆品；贵重首饰及珠宝玉石；鞭炮、焰火；成品油；摩托车；小汽车；高尔夫球及球具；高档手表；游艇；木制一次性筷子；实木地板；电池；涂料。其中，有些还包括若干子目。

2. 消费税税率

消费税的税率包括比例税率和定额税率两类，以适应不同应税消费品的实际情况（见表 3-1）。

表 3-1　消费税税目税率表

税　目	税　率
一、烟	
1. 卷烟	
（1）甲类卷烟（调拨价 70 元〔不含增值税〕/条以上〔含 70 元〕）	56%加 0.003 元/支（生产或进口环节）
（2）乙类卷烟（调拨价 70 元〔不含增值税〕/条以下）	36%加 0.003 元/支（生产或进口环节）
（3）批发环节	11%加 0.005 元/支（批发环节）
2. 雪茄烟	36%（生产环节）
3. 烟丝	30%（生产环节）
二、酒	
1. 白酒	20%加 0.5 元/500 克（或者 500 毫升）
2. 黄酒	240 元/吨
3. 啤酒	
（1）甲类啤酒	250 元/吨
（2）乙类啤酒	220 元/吨
4. 其他酒	10%
三、高档化妆品	15%
四、贵重首饰及珠宝玉石	
1. 金银首饰、铂金首饰和钻石及钻石饰品	5%
2. 其他贵重首饰和珠宝玉石	10%

续表

税　目	税　率
五、鞭炮、焰火	15%
六、成品油 1. 汽油 （1）含铅汽油 （2）无铅汽油 2. 柴油 3. 航空煤油 4. 石脑油 5. 溶剂油 6. 润滑油 7. 燃料油	 1.52 元/升 1.52 元/升 1.20 元/升 1.20 元/升 1.52 元/升 1.52 元/升 1.52 元/升 1.20 元/升
七、摩托车 1. 气缸容量（排气量，下同）在 250 毫升（含 250 毫升）以下的 2. 气缸容量在 250 毫升以上的	 3% 10%
八、小汽车 1. 乘用车 （1）气缸容量（排气量，下同）在 1.0 升（含 1.0 升）以下的 （2）气缸容量在 1.0 升以上至 1.5 升（含 1.5 升）的 （3）气缸容量在 1.5 升以上至 2.0 升（含 2.0 升）的 （4）气缸容量在 2.0 升以上至 2.5 升（含 2.5 升）的 （5）气缸容量在 2.5 升以上至 3.0 升（含 3.0 升）的 （6）气缸容量在 3.0 升以上至 4.0 升（含 4.0 升）的 （7）气缸容量在 4.0 升以上的 2. 中轻型商用客车 3. 超豪华小汽车	 1% 3% 5% 9% 12% 25% 40% 5% 按子税目 1 和子税目 2 的规定征收，零售环节 10%
九、高尔夫球及球具	10%
十、高档手表	20%
十一、游艇	10%
十二、木制一次性筷子	5%
十三、实木地板	5%
十四、电池	4%（从 2016 年 1 月 1 日实施）
无汞原电池、金属氢化物镍蓄电池、锂原电池、锂离子蓄电池、太阳能电池、燃料电池和全钒液流电池	免征

续表

税　目	税　率
十五、涂料 施工状态下挥发性有机物（Volatile Organic Compounds，VOC）含量低于420克/升（含）	4% 免征

【例题3-10·多选题】 根据《消费税暂行条例》的规定，下列选项中，属于消费税征收范围的有（　　）。

A. 卷烟　　B. 实木地板　　C. 大客车　　D. 彩电

【正确答案】AB

【答案解析】我国消费税的税目共有15个，分别是：烟；酒；高档化妆品；贵重首饰及珠宝玉石；鞭炮、焰火；成品油；摩托车；小汽车；高尔夫球及球具；高档手表；游艇；木制一次性筷子；实木地板；电池；涂料。其中，有些还包括若干子目。

（五）消费税应纳税额

1. 从价定率征税应纳税额的计算

适用比例税率的应税消费品，其应纳税额应从价定率征收，此时的计税依据是销售额。其计算公式为：

应纳税额=应税消费品的销售额×比例税率

销售额为纳税人销售应税消费品向购买方收取的全部价款和价外费用。价外费用包括向购买方收取的手续费、补贴、基金、集资费、返还利润、奖励费、违约金、滞纳金、延期付款利息、赔偿金、包装费、包装物租金、储备费、优质费、运输装卸费、代收款项、代垫款项及其他各种性质的价外收费。价外费用无论在会计上如何核算，均应并入销售额计算征税。价外费用一不包括向购买方收取的增值税税款。二不包括符合下列条件的代垫运费：① 承运部门的运费发票开具给购买方；② 纳税人将该项发票转交给购买方的。

销售额不包括应向购货方收取的增值税税款，如果纳税人应税消费品的销售额中未扣除增值税税款或者因不得开具增值税专用发票而发生价款和增值税税款合并收取的，在计算消费税时，应将含增值税的销售额换算为不含增值税税款的销售额。其换算公式为：

应税消费品的销售额=含增值税的销售额÷（1+增值税税率或征收率）

【例题3-11·计算题】 某木地板厂为增值税一般纳税人。2019年8月15日向某建材商场销售实木地板一批，取得含增值税销售额90.4万元。已知实木地板适用的增值税税率为13%，消费税税率为5%。计算该厂当月应纳消费税税额。

【答案解析】

不含增值税销售额=90.4÷（1+13%）=80 万元

应纳消费税税额=80×5%=4 万元

2. 从量定额征税应纳税额的计算

适用定额税率的应税消费品，其应纳税额应从量定额计征，此时的计税依据是销售数量。其计算公式为：

应纳税额=应税消费品的销售数量×单位税额

销售数量是指纳税人生产、加工和进口应税消费品的数量。具体规定为：

（1）销售应税消费品的，为应税消费品的销售数量。

（2）自产自用应税消费品的，为应税消费品的移送使用数量。

（3）委托加工应税消费品的，为纳税人收回的应税消费品数量。

（4）进口应税消费品的，为海关核定的应税消费品进口征税数量。

【例题 3-12·计算题】某企业为增值税一般纳税人。2019 年 5 月，该企业销售黄酒 20 吨，每吨适用的消费税 240 元。计算该企业 5 月应纳消费税税额。

【答案解析】

应纳税额=应税消费品销售数量×消费税单位税额=20×240=4 800 元

3. 从价定率和从量定额复合征收

即以两种方法计算的应纳税额之和为该应税消费品的应纳税额。我国目前只对卷烟和白酒采用复合征收方法。

应纳税额=应税消费品的销售额×比例税率+应税消费品的销售数量×单位税额

【例题 3-13·计算题】某卷烟生产企业为增值税一般纳税人。2019 年 9 月销售乙类卷烟 1 800 标准条，取得含增值税销售额 101 700 元。已知乙类卷烟消费税比例税率为 36%，定额税率为 0.003 元/支，每标准条 200 支；增值税税率为 13%。计算该企业当月应纳消费税税额。

【答案解析】

不含增值税销售额=101 700÷（1+13%）=90 000 元

从价定率应纳税额=90 000×36%=32 400 元

从量定额应纳税额=1 800×200×0.003=1 080 元

应纳消费税税额合计=32 400+1 080=33 480 元

4. 应税消费品已纳税款的扣除

为了避免重复征税，现行消费税规定，用外购已税消费品和委托加工收回的应税消费品连续生产应税消费品，在计征消费税时，可以按当期生产领用数量计算准予扣除的外购和委托加工的应税消费品已缴纳的消费税税款。

当期准予扣除的应税消费品已纳税款=当期生产领用数量×单价×外购应税消费品的适用税率

5．自产自用应税消费品应纳税额

纳税人自产自用应税消费品用于连续生产应税消费品的，不纳税；凡用于其他方面的，应按照纳税人生产的同类消费品的销售价格计算纳税，没有同类消费品销售价格的，按照组成计税价格计算纳税。

实行从价定率办法计算纳税的组成计税价格计算公式：

组成计税价格=（成本+利润）÷（1−比例税率）

实行复合计税办法计算纳税的组成计税价格计算公式：

组成计税价格=（成本+利润+自产自用数量×定额税率）÷（1−比例税率）

【例题 3-14 • 计算题】某白酒厂 2018 年春节前，将新研制的薯类白酒 1 吨作为过节福利发放给员工饮用，该薯类白酒无同类产品市场销售价格。已知该批薯类白酒生产成本 20 000 元，成本利润率为 5%，白酒消费税比例税率为 20%；定额税率为 0.5 元/500 克。计算该批薯类白酒应纳消费税税额。

【答案解析】根据消费税法律制度的规定，纳税人自产自用的应税消费品，用于企业员工福利的，应按照同类消费品的销售价格计算缴纳消费税；没有同类消费品销售价格的，按照组成计税价格计算纳税。计算过程：

组成计税价格=［20 000×（1+5%）+（1×2 000×0.5）］÷（1−20%）

=（21 000+1 000）÷（1−20%）=27 500 元

应纳消费税税额=27 500×20%+1×2 000×0.5=6 500 元

6．委托加工应税消费品应纳税额

委托加工的应税消费品，按照受托方的同类消费品的销售价格计算纳税；没有同类消费品销售价格的，按照组成计税价格计算纳税。

实行从价定率办法计算纳税的组成计税价格计算公式：

组成计税价格=（材料成本+加工费）÷（1−比例税率）

实行复合计税办法计算纳税的组成计税价格计算公式：

组成计税价格=（材料成本+加工费+委托加工数量×定额税率）÷（1−比例税率）

【例题 3-15 • 计算题】某化妆品企业 2019 年 10 月受托为某商场加工一批高档化妆品，收取不含增值税的加工费 15 万元，商场提供的原材料金额为 60 万元。已知该高

档化妆品企业无同类产品销售价格，消费税税率为15%。计算该高档化妆品企业应代收代缴的消费税。

【答案解析】根据消费税法律制度的规定，委托加工的应税消费品，应按照受托方的同类消费品的销售价格计算缴纳消费税，没有同类消费品销售价格的，按照组成计税价格计算纳税。计算过程如下：

组成计税价格=（60+15）÷（1−15%）=88.24万元

应代收代缴消费税=88.24×15%=13.24万元

（六）消费税征收管理

1．纳税义务发生时间

（1）纳税人销售应税消费品的，按不同的销售结算方式分别为：① 采取赊销和分期收款结算方式的，为书面合同约定的收款日期的当天，书面合同没有约定收款日期或者无书面合同的，为发出应税消费品的当天；② 采取预收货款结算方式的，为发出应税消费品的当天；③ 采取托收承付和委托银行收款方式的，为发出应税消费品并办妥托收手续的当天；④ 采取其他结算方式的，为收讫销售款或者取得索取销售款凭据的当天。

（2）纳税人自产自用应税消费品的，为移送使用的当天。

（3）纳税人委托加工应税消费品的，为纳税人提货的当天。

（4）纳税人进口应税消费品的，为报关进口的当天。

2．纳税期限

消费税纳税期限分别为1日、3日、5日、10日、15日、1个月或者1个季度。纳税人的具体纳税期限，由主管税务机关根据纳税人应纳税额的大小分别核定，不能按照固定期限纳税的，可以按次纳税。

纳税人以1个月或者1个季度为一期纳税的，自期满之日起15日内申报纳税；纳税人以1日、3日、5日、10日、15日为一期的，自期满之日起5日内预缴税款，于次月1日起15日内申报纳税并结清上月应纳税款。

进口货物自海关填发税收专用缴款书之日起15日内缴纳。

3．纳税地点

（1）纳税人销售的应税消费品，以及自产自用的应税消费品，除国务院财政、税务主管部门另有规定外，应当向纳税人机构所在地或者居住地的主管税务机关申报纳税。

（2）委托加工的应税消费品，除受托方为个人外，由受托方向机构所在地或居住地主管税务机关解缴消费税税款；委托个人加工的应税消费品，由委托方向其机构所在地或者居住地主管税务机关申报纳税。

（3）进口的应税消费品，由进口人或者其代理人向报关地海关申报纳税。

（4）纳税人到外县（市）销售或者委托外县（市）代销自产应税消费品的，于应税消费品销售后，向机构所在地或居住地主管税务机关申报纳税。

（5）纳税销售的应税消费品，如因质量等原因，由购买者退回时，经由所在地主管税务机关审核批准后，可退还已征收的消费税税款，但不能自行直接抵减应纳税税款。

三、企业所得税

（一）企业所得税的概念

企业所得税是对我国企业和其他组织（以下统称企业）的生产经营所得和其他所得征收的一种税。

企业分为居民企业和非居民企业。居民企业是指依法在中国境内成立，或者依照外国（地区）法律成立但实际管理机构在中国境内的企业。非居民企业是指依照外国（地区）法律成立且实际管理机构不在中国境内，但在中国境内设立机构、场所的，或者在中国境内未设立机构、场所，但有来源于中国境内所得的企业。

（二）企业所得税征收对象

中华人民共和国境内的企业和其他取得收入的组织，均为企业所得税的纳税人。企业所得税的征税对象是企业的生产经营所得、其他所得和清算所得。

居民企业应当就其来源于中国境内、境外的所得作为征税对象。所得，包括销售货物所得、提供劳务所得、转让财产所得、股息红利所得等权益性投资所得，以及利息所得、租金所得、特许权使用费所得、接受捐赠所得和其他所得。这里的“所得”是企业所得税的主要纳税来源。

非居民企业在中国境内设立机构、场所的，应当就其所设机构、场所取得的来源于中国境内的所得，以及发生在中国境外但与其所设机构、场所有实际联系的所得，缴纳企业所得税。非居民企业在中国境内未设立机构、场所的，或者虽设立机构、场所但取得的所得与其所设机构、场所没有实际联系的，应当就其来源于中国境内的所得缴纳企业所得税。这里所称的“实际联系”，是指非居民企业在中国境内设立的机构、场所拥有据以取得所得的股权、债权，以及拥有、管理、控制据以取得所得的财产等。

（三）企业所得税税率

企业所得税的税率是指对纳税人应纳税所得额征税的比率。

企业所得税的税率为 25%的比例税率。所得税规定法定税率为 25%，内资企业和外资企业一致。国家需要重点扶持的高新技术企业为 15%，小型微利企业为 20%，非居民企业（如在我国设立的代表处及其他分支机构等外国企业）为 20%。

（四）企业所得税应纳税所得额

企业每一纳税年度的收入总额，减除不征税收入、免税收入、各项扣除及允许弥补的以前年度亏损后的余额，为应纳税所得额。

1. 收入总额

纳税人的收入总额是指企业在生产、经营活动中及其他行为中取得的各项收入的总和，包括纳税人来源于中国境内、境外的生产、经营收入和其他收入。收入总额包括：① 销售货物收入；② 提供劳务收入；③ 转让财产收入；④ 股息、红利等权益性投资收益；⑤ 利息收入；⑥ 租金收入；⑦ 特许权使用费收入；⑧ 接受捐赠收入；⑨ 其他收入。

2. 不征税收入

不征税收入是指那些能够流入企业但按照企业所得税法的规定却不需要承担企业所得税纳税义务、不纳入企业所得税征税范围的经济利益。不征税收入包括：① 财政拨款；② 依法收取并纳入财政管理的行政事业性收费、政府性基金；③ 国务院规定的其他不征税收入。

3. 免税收入

免税收入是指属于企业的应税所得但按照税法规定免予征收企业所得税的收入。免税收入包括：① 国债利息收入；② 符合条件的居民企业之间的股息、红利收入等权益性投资收益；③ 在中国境内设立机构、场所的非居民企业从居民企业取得与该机构、场所有实际联系的股息、红利收入等权益性投资收益；④ 符合条件的非营利组织的收入等。

4. 准予扣除的项目

税法规定，企业实际发生的与取得收入有关的合理的支出，包括成本、费用、税金、损失和其他支出，准予在计算应纳税所得额时扣除。

（1）成本是指企业在生产经营活动中发生的销售成本、销货成本、业务支出及其他耗费，即企业销售商品、提供劳务、转让固定资产、无形资产的成本。

（2）费用是指企业每个纳税年度为生产、经营商品和提供劳务等所发生的销售（经营）费用、管理费用和财务费用。

（3）税金是指企业发生的除企业所得税和允许抵扣的增值税以外的企业缴纳的各项税金及其附加。

（4）损失是指企业在生产经营活动中发生的固定资产和存货的盘亏、毁损、报废损失，转让财产损失，呆账损失，坏账损失，自然灾害等不可抗力因素造成的损失以及其他损失。

（5）其他支出是指除成本、费用、税金、损失外，企业在生产经营活动中发生的与生产经营活动有关的、合理的支出。

5. 不得扣除的项目

在计算应纳税所得额时，下列支出不得扣除：

（1）向投资者支付的股息、红利等权益性投资收益款项。

（2）企业所得税税款。

（3）税收滞纳金。

（4）罚金、罚款和被没收财物的损失。

（5）企业发生的公益性捐赠支出以外的捐赠支出。企业发生的公益性捐赠支出，在年度利润总额 12%内的部分，准予在计算应纳税所得额时扣除；超过年度利润总额 12%的部分，准予结转以后 3 年内在计算应纳税所得额时扣除。

（6）赞助支出，是指企业发生的与生产经营活动无关的各种非广告性支出。

（7）未经核定的准备金支出，具体是指不符合国务院财政、税务主管部门规定的各项资产减值准备、风险准备等准备金支出。

（8）企业之间支付的管理费、企业内营业机构之间支付的租金和特许权使用费，以及非银行企业内营业机构之间支付的利息。

（9）与取得收入无关的其他支出。

6. 职工福利费、工会经费和职工教育经费支出的税前扣除

（1）企业发生的职工福利费支出，不超过工资薪金总额 14%的部分，准予扣除。

（2）企业拨缴的工会经费，不超过工资薪金总额 2%的部分，准予扣除。

（3）除国务院财政、税务主管部门另有规定外，企业发生的职工教育经费支出，不超过工资薪金总额 8%的部分，准予扣除；超过部分，准予在以后纳税年度结转扣除。

7. 业务招待费、广告费和业务宣传费的税前扣除

（1）企业发生的与生产经营活动有关的业务招待费支出，按照发生额的 60%扣除，但最高不得超过当年销售（营业）收入的 5‰。

（2）企业发生的符合条件的广告费和业务宣传费支出，除国务院财政、税务主管部门另有规定外，不超过当年销售（营业）收入 15%的部分，准予扣除；超过部分，准予在以后纳税年度结转扣除。

8. 亏损弥补

根据规定，纳税人发生年度亏损的，可以用下一纳税年度的所得弥补；下一纳税年度的所得不足弥补的，可以逐年延续弥补，但延续弥补期最长不得超过 5 年。

【例题 3-16·单选题】下列收入属于企业所得税不征税收入的是（　　）。

A. 银行存款利息收入

B. 财政拨款收入

C. 国债利息收入

D. 符合条件的居民企业之间的股息收入

【正确答案】B

【答案解析】选项 A 属于征税收入，选项 CD 属于免税收入。

（五）企业所得税应纳税额的计算

企业所得税应纳税额的计算公式为：

应纳税额=应纳税所得额×适用税率−减免税额−抵免税额

企业所得税应纳税所得额有两种计算方法：

1. 直接计算法

应纳税所得额=收入总额−不征税收入额−免税收入额−各项扣除额−准予弥补的以前年度亏损额

2. 间接计算法

应纳税所得额=利润总额±纳税调整项目金额

【例题 3-17·计算题】某运输公司 2019 年度发生如下经济业务：营运收入 3 800 万元，出租固定资产租金收入 100 万元，其他收入 50 万元。当年各项运营费用 1 200 万元，缴纳房产税等税金及附加 120 万元，支付财产保险和运输保险费共计 15 万元，向某球队赞助支出 250 万元。该运输公司适用的企业所得税税率为 25%。根据以上条件，计算该公司 2019 年度应纳企业所得税税额。

【答案解析】应纳税所得额=收入总额−准予扣除项目。

收入总额=3 800+100+50=3 950 万元

准予扣除项目=1 200+120+15=1 335 万元

应纳税所得额=3 950−1 335=2 615 万元

该公司应纳所得税额=2 615×25%=653.75 万元

（六）企业所得税征收管理

1. 纳税地点

除税收法律、行政法规另有规定外，居民企业以企业登记注册地为纳税地点；但登记注册地在境外的，以实际管理机构所在地为纳税地点。居民企业在中国境内设立不具有法人资格的营业机构的，应当汇总计算并缴纳企业所得税。

非居民企业在中国境内设立机构、场所的，应当就其所设机构、场所取得的来源于中国境内的所得，以及发生在中国境外但与其所设机构、场所有实际联系的所得，缴纳企业所得税。非居民企业取得上述所得，以机构、场所所在地为纳税地点。

非居民企业在中国境内未设立机构、场所的，或者虽设立机构、场所但取得的所得与其所设机构、场所没有实际联系的所得，以扣缴义务人所在地为纳税地点。

除国务院另有规定外，企业之间不得合并缴纳企业所得税。

2．纳税期限

企业所得税实行按年（自公历1月1日起到12月31日止）计算，分月或分季预缴，年终汇算清缴（年终后5个月内进行）、多退少补的征纳方法。当实行分月预缴时，每一月份的最后一日为纳税义务发生时间；当实行分季预缴时，每一季度的最后一日为纳税义务发生时间；而在进行年度汇算清缴时，纳税年度的最后一日为纳税义务发生时间。

纳税人在一个年度中间开业，或者由于合并、关闭等原因，使该纳税年度的实际经营期不足12个月的，应当以其实际经营期为一个纳税年度。

3．纳税申报

企业所得税分月或分季预缴。企业应当自月份或者季度终了之日起15日内，向税务机关报送预缴企业所得税纳税申请表，预缴税款。

企业应当自年度终了之日起5个月内，向税务机关报送年度企业所得税纳税申请表，并汇算清缴，结清应缴应退税款。企业在报送企业所得税纳税申请表时，应当按照规定附送财务会计报告和其他有关资料。

四、个人所得税

（一）个人所得税的概念

个人所得税是对居住在我国境内的个人取得的各项应税所得和境外的外国人取得来源于我国的应税所得征收的一种税。现行的个人所得税基本规范是2018年8月31日第十三届全国人民代表大会常务委员会第五次会议通过、2011年9月1日起实施的《中华人民共和国个人所得税法》和2011年7月19日公布修改决定、2019年1月1日起实施的《中华人民共和国个人所得税法实施条例》。

（二）个人所得税纳税人

个人所得税纳税人有居民个人和非居民个人。

中国境内有住所，或者无住所而一个纳税年度内在中国境内居住累计满一百八十三天的个人，为居民个人。居民个人从中国境内和境外取得的所得，依照《个人所得税法》规定缴纳个人所得税。

在中国境内无住所又不居住，或者无住所而一个纳税年度内在中国境内居住累计不满一百八十三天的个人，为非居民个人。非居民个人从中国境内取得的所得，依照《个人所得税法》规定缴纳个人所得税。

（三）个人所得税应税项目和税率

1．个人所得税应税项目

个人所得税的应税项目具体包括：

（1）工资、薪金所得。

（2）劳务报酬所得。

（3）稿酬所得。

（4）特许权使用费所得。

（5）经营所得。

（6）利息、股息、红利所得。

（7）财产租赁所得。

（8）财产转让所得。

（9）偶然所得。

2．个人所得税税率

（1）综合所得的适用税率。工资、薪金所得，劳务报酬所得，稿酬所得，特许权使用费所得统称为综合所得，适用 3%～45%的七级超额累进税率。综合所得适用的个人所得税税率表（按年）、综合所得适用的个人所得税税率表（按月）分别如表 3-2 和表 3-3 所示。

表 3-2 个人所得税税率表（按年）

（综合所得适用）

级数	全年应纳税所得额（含税级距）	税率（%）	速算扣除数
1	不超过 36 000 元	3	0
2	超过 36 000 元至 144 000 元的部分	10	2 520
3	超过 144 000 元至 300 000 元的部分	20	16 920
4	超过 300 000 元至 420 000 元的部分	25	31 920
5	超过 420 000 元至 660 000 元的部分	30	52 920
6	超过 660 000 元至 960 000 元的部分	35	85 920
7	超过 960 000 元的部分	45	181 920

注：本表所称全年应纳税所得额是指依照《个人所得税法》第 6 条的规定，居民个人取得的综合所得以每一纳税年度收入额减除费用 60 000 元以及专项扣除、专项附加扣除和依法确定的其他扣除后的余额。

表 3-3 个人所得税税率表（按月）

（综合所得适用）

级数	全年应纳税所得额（含税级距）	税率（%）	速算扣除数
1	不超过 3 000 元	3	0
2	超过 3 000 元至 12 000 元的部分	10	210
3	超过 12 000 元至 25 000 元的部分	20	1 410
4	超过 25 000 元至 35 000 元的部分	25	2 660
5	超过 35 000 元至 55 000 元的部分	30	4 410
6	超过 55 000 元至 80 000 元的部分	35	7 160
7	超过 80 000 元的部分	45	15 160

注：非居民个人取得工资、税金所得，劳务报酬所得，稿酬所得和特许使用费所得，依照表 3-2 按月换算后计算应纳税额。

（2）经营所得的适用税率。个体工商户的生产、经营所得和对企事业单位的承包经营、承租经营所得统称为经营所得，适用 5%～35%的五级超额累进税率，如表 3-4 所示。

表 3-4 个人所得税税率表（按年）

（经营所得适用）

级数	全年应纳税所得额	税率（%）	速算扣除数
1	不超过 30 000 元的	5	0
2	超过 30 000 元至 90 000 元的部分	10	1 500
3	超过 90 000 元至 300 000 元的部分	20	10 500
4	超过 300 000 元至 500 000 元的部分	30	40 500
5	超过 500 000 元的部分	35	65 500

（3）利息、股息、红利所得，财产租赁所得，财产转让所得和偶然所得，适用比例税率，税率为 20%。

（四）个人所得税应纳税所得额的计算

1. 居民个人综合所得应纳税额的计算

自 2019 年 1 月 1 日起，居民个人取得的综合所得（工资、薪金所得，劳务报酬所得，稿酬所得，特许权使用费所得）是以每一纳税年度收入额减除费用 60 000 元以及专项扣除、专项附加扣除和依法确定的其他扣除后的余额作为应纳税所得额。其中，各项所得的计算以人民币为单位。所得为人民币以外的货币的，按照人民币汇率中间价折合成人民币缴纳税款。

居民个人取得的综合所得，根据七级超额累进税率，计算应纳税额。其计算公式为：

应纳税额=年应纳税所得额×适用税率−速算扣除数
=（每一纳税年度的收入额−60 000−专项扣除、专项附加扣除和依法确定的其他扣除）×适用税率−速算扣除数

劳务报酬所得、稿酬所得、特许权使用费所得以收入减除20%的费用后的余额为收入额，其中，稿酬所得的收入减按70%计算。

专项扣除，包括居民个人按照国家规定的范围和规定缴纳的基本养老保险、基本医疗保险、失业保险等社会保险和住房公积金。

专项附加扣除，包括子女教育、继续教育、大病医疗、住房贷款利息或者住房租金、赡养老人等支出，具体范围、标准和实施步骤由国务院确定，并报全国人民代表大会常务委员会备案。

【例题 3-18·计算题】小张每月取得工资薪金 10 000 元，全年从其他单位获得劳务报酬收入共计 20 000 元，取得稿酬收入共计 10 000 元，特许权使用费用收入共计 100 000 元。上述收入均为税前收入。假设本月小张计算个人所得税的专项扣除、专项附加扣除和依法确定的其他扣除为 42 000 元。计算应纳税所得额和应纳税额。

【答案解析】

本年综合所得的应纳税所得额=10 000×12+20 000×（1−20%）+10 000×70%×（1−20%）+100 000×（1−20%）−60 000−42 000=119 600 元

本年综合所得的应纳税额=119 600×10%−2 520=9 440 元

2．非居民个人工资、薪金所得应纳税额的计算

非居民个人工资、薪金所得，以每月收入额减除费用 5 000 元后的余额为应纳税所得额。根据七级超额累进税率，计算应纳税额。其计算公式为：

应纳税额=当月应纳税所得额×适用税率−速算扣除数
=（当月工资、薪金所得收入总额−5 000）×适用税率−速算扣除数

非居民个人取得的工资、薪金所得，由扣缴义务人按月或按次代扣代缴税款，不办理汇算清缴。

3．非居民个人劳务报酬所得、稿酬所得、特许权使用费所得应纳税额的计算

非居民个人劳务报酬所得、稿酬所得、特许权使用费所得，以每次收入额为应纳税所得额。劳务报酬所得、稿酬所得、特许权使用费所得以收入减除20%的费用后的余额为收入额。其中，稿酬所得的收入减按70%计算。根据七级超额累进税率，计算应纳税额。其

计算公式为：

应纳税额=应纳税所得额×适用税率−速算扣除数
=每次收入总额×适用税率−速算扣除数
=劳务报酬所得收入（或者特许权使用费所得收入）×（1−20%）×适用税率−速算扣除数
=稿酬所得收入×（1−20%）×70%×适用税率−速算扣除数

知识链接

非居民个人取得的劳务报酬所得，稿酬所得和特许权使用费所得，由扣缴义务人按月或按次代扣代缴税款，不办理汇算清缴。

4. 经营所得应纳税额的计算

经营所得，以每一纳税年度的收入总额减除成本、费用以及损失后的余额为应纳税所得额。其计算公式为：

应纳税额=应纳税所得额×适用税率−速算扣除数
=（全年收入总额−成本、费用以及损失）×适用税率−速算扣除数

知识链接

纳税人取得经营所得，按年计算个人所得税，由纳税人在月度或者季度终了后 15 日内向税务机关报送纳税申报表，并预缴税款；在取得所得的次年 3 月 31 日前办理汇算清缴。

5. 财产租赁所得

财产租赁所得一般以个人每次取得的收入，定额或定率减除规定费用后的余额为应纳税所得额。每次收入不超过 4 000 元的，减除准予扣除项目、修缮费用（800 元为限），再减除费用 800 元；4 000 元以上的，减除准予扣除项目、修缮费用（800 元为限），再减除 20%的费用，其余额为应纳税所得额。

（1）每次（月）收入不足 4 000 元的：

应纳税额=［每次（月）收入额−准予扣除项目−修缮费用（800 元为限）−800］×20%

（2）每次（月）收入在 4 000 元以上的：

应纳税额=［每次（月）收入额−准予扣除项目−修缮费用（800 元为限）］×（1−20%）×20%

6. 财产转让所得应纳税额的计算

财产转让所得，以转让财产的收入额减除财产原值和合理费用后的余额为应纳税所得额，其计算公式为：

应纳税额=应纳税所得额×使用税率=（收入总额−财产原值−合理税率）×20%

对个人出售自有住房取得的所得按照“财产转让所得”税目征收个人所得税，但对个人转让自用5年以上并且是家庭唯一生活用房取得的所得，免征个人所得税。

对于股票转让所得，暂不征收所得税。

7. 利息、股息、红利和偶然所得应纳税额的计算

利息、股息、红利所得和偶然所得，以每次收入额为应纳税所得额，不扣除任何费用，适用20%的比例税率。其计算公式为：

应纳税额=应纳税所得额×适用税率=每次收入额×20%

自2015年9月8日起，个人从公开发行和转让市场取得的上市公司股票，持股期限超过1年的，股息红利所得暂免征个人所得税。个人从公开发行和转让市场取得的上市公司股票，持股期限在1个月以内（含1个月）的，其股息红利所得全额计入应纳税所得额；持股期限在1个月以上至1年（含1年）的，减按50%计入应纳税所得额；上述所得统一适用20%的税率计征个人所得税。注意规定是从“上市公司”取得股息红利。

个人购买社会福利彩票、体育彩票中奖获取的所得，凡一次中奖收入不超过1万元的，暂免征收个人所得税；超过1万元的，全额按“偶然所得”税目征收个人所得税。

【例题3-19·计算题】小李就职于甲公司，本年取得以下收入：① 每月取得税前工资薪金11 000元；② 5月，和小张合作写书通过乙出版社出版，当月两人共取得税前稿酬收入20 000元，两人约定5∶5分成；③ 6月，小李转让自用房屋一套，原价700 000元，销售价格1 200 000元（不含增值税），转让过程中缴纳税费30 000元；④ 7月，小李从A上市公司取得股息所得14 000元（持股1年零2个月），从B非上市公司取得股息4 000元，兑现本年9月2日到期的一年期银行储蓄存款利息所得1 000元。

假设本年小李计算个人所得税的专项扣除、专项附加扣除和依法确定的其他扣除为42 000元。计算应纳税所得额和应纳税额。

【答案解析】

本年综合所得的应纳税所得额=11 000×12+20 000×50%×70%×（1−20%）−60 000−42 000=35 600元

本年综合所得的应纳税额=35 600×3%=1 068元

财产转让所得的应纳税额=（1 200 000−700 000−30 000）×20%=94 000元

股利所得的应纳税额=4 000×20%=800 元

本年小李应纳个人所得税总额=1 068+94 000+800=95 868 元

（五）个人所得税征收管理

我国实行个人所得税代扣代缴和个人自行申报纳税相结合的征收管理制度。税法规定，个人所得税以支付所得的单位或者个人为扣缴义务人。纳税人有中国公民身份证号码的，以中国居民身份证号码为纳税人识别号；纳税人没有中国公民身份证号码的，由税务机关赋予其纳税人识别号。

1. 自行申报

自行申报是指由纳税人自行在税法规定的纳税期限内，向税务机关申报取得的应纳税所得项目和数额，如实填写个人所得税纳税申报表，并按照税法规定计算应纳税额，据此缴纳个人所得税的一种方法。

凡依据个人所得税法负有纳税义务的纳税人，有下列情形之一的，应当按照规定办理纳税申请：

（1）取得综合所得需要办理汇算清缴。

（2）取得应税所得没有扣缴义务人。

（3）应税所得，扣缴义务人未扣缴税款。

（4）取得境外所得。

（5）因移居境外注销中国国籍。

（6）非居民个人在中国境内从两处以上取得工资、薪金所得。

（7）国务院规定的其他情形。

2. 代扣代缴

代扣代缴是指按照税法规定负有扣缴税款义务的单位或个人，在向个人支付应纳税所得时，应计算应纳税额，从其所得中扣除并缴入国库，同时向税务机关报送扣缴个人所得税报告表。个人所得税采取代扣代缴办法，有利于控制税源，保证税收收入，简化征纳手续，加强个人所得税管理。

扣缴义务人扣缴税款时，纳税人应当向扣缴义务人提供纳税人识别号，扣缴义务人应当按照国家规定办理全员全额扣缴申报，并向纳税人提供其个人所得和已扣缴税款等信息。扣缴义务人在向纳税人支付各项应纳税所得时，必须履行代扣代缴税款的义务。扣缴义务人对纳税人的应扣未扣税款应由纳税人予以补缴。对扣缴义务人按照所扣缴的税款，税务机关应付给 2%的手续费。

3. 个人所得税扣缴的具体内容

居民个人取得综合所得，按年计算个人所得税；有扣缴义务人的，由扣缴义务人按月或者按次预扣预缴税款。需要办理汇算清缴的，应当在取得所得的次年 3 月 1 日至 6 月

30 日内办理汇算清缴。预扣预缴办法由国务院税务主管部门制定。个人所得税扣缴的具体内容包括以下方面：

（1）纳税人取得经营所得，按年计算个人所得税，由纳税人在月度或者季度终了后 15 日内向税务机关报送纳税申报表，并预缴税款；在取得所得的次年 3 月 31 日前办理汇算清缴。

（2）非居民个人取得工资、薪金所得，劳务报酬所得，稿酬所得和特许权使用费所得，有扣缴义务人的，由扣缴义务人按月或者按次代扣代缴税款，不办理汇算清缴。

（3）纳税人取得利息、股息、红利所得，财产租赁所得，财产转让所得和偶然所得，按月或者按次计算个人所得税，有扣缴义务人的，由扣缴义务人按月或者按次代扣代缴税款。

（4）扣缴义务人每月或者每次预扣代扣的税款，应当在次月 15 日内缴入国库，并向税务机关报送扣缴个人所得税申报表。纳税人取得应税所得没有扣缴义务人的，应当在取得所得的次月 15 日内向税务机关报送纳税申报表，并缴纳税款。纳税人取得应税所得，扣缴义务人未扣缴税款的，纳税人应当在取得所得的次年 6 月 30 日前，缴纳税款；税务机关通知限期缴纳的，纳税人应当按照期限缴纳税款。

第三节　税收征管

《税收征收管理法》是税收管理的标准和规范，其首要目的是加强税收征收管理。税收征收管理机关的职权有税务管理、税款征收、税务检查和税务处罚。税务管理是税收征管的重要内容，是税款征收的前提和基础性工作。税务管理主要包括税务登记、发票开具与管理、纳税申报等内容。

一、税务登记

（一）税务登记的概念

税务登记，又称纳税登记，是税务机关依据税法规定，对纳税人的生产、经营活动进行登记管理的一项法律制度，也是纳税人依法履行纳税义务的法定手续。县以上（含本级）国家税务局是税务登记的主管机关。

（二）税务登记的对象

企业，企业在外地设立的分支机构和从事生产、经营的场所，个体工商户和从事生产、经营的事业单位，均应办理税务登记。上述规定以外的纳税人，除国家机关、个人和无固定生产、经营场所的流动性农村小商贩外，也应当办理税务登记。

（三）税务登记的种类

税务登记包括开业登记，变更登记，停业、复业登记，注销登记，外出经营报验登记，纳税人税种登记，扣缴义务人扣缴税款登记。

1. 开业登记

开业登记，又称设立登记，是指纳税人依法成立并经国家工商行政管理部门登记后，为确认其纳税人的身份而进行的登记。

（1）开业登记的时间和地点。根据税法规定，从事生产、经营的纳税人，应当自领取营业执照之日起 30 日内，向生产、经营地或者纳税义务发生地的主管税务机关申报办理税务登记，如实填写税务登记表并按税务机关的要求提供有关证件、资料。扣缴义务人应当自扣缴义务发生之日起 30 日内申报办理扣缴税款登记。

如图 3-1 和图 3-2 所示，为企业法人营业执照和税务机关核发的税务登记证。

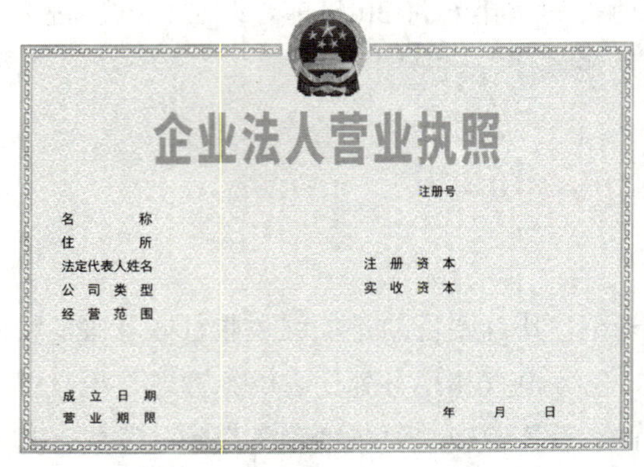
企业法人营业执照
注册号
名　　称
住　　所
法定代表人姓名
公司类型
经营范围
注册资本
实收资本
成立日期
营业期限
年　月　日

图 3-1　企业法人营业执照

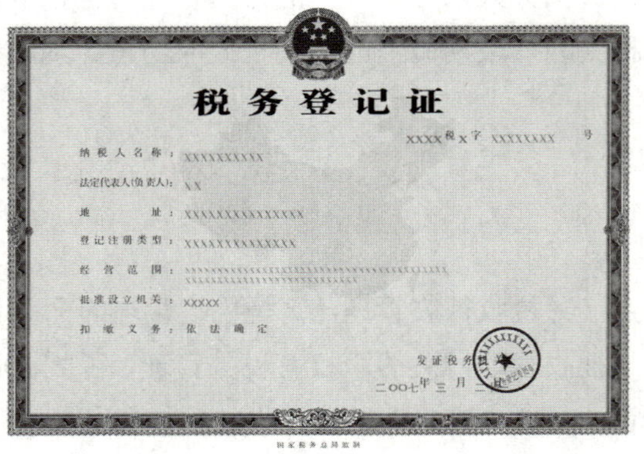
税务登记证
XXXX税X字 XXXXXXXX 号
纳税人名称：XXXXXXXXXX
法定代表人(负责人)：XX
地　　址：XXXXXXXXXXXXXXX
登记注册类型：XXXXXXXXXXXXXX
经营范围：
批准设立机关：XXXXX
扣缴义务：依法确定
发证税务机关
二〇〇七年三月二日

图 3-2　税务登记证

除上述以外的其他纳税人，除国家机关和无固定生产、经营场所的流动性农村小商贩个人外，应当自纳税义务发生之日起 30 日内，持有关证件向所在地的主管税务机关申报办理税务登记。

（2）开业税务登记的内容。纳税人在申报办理税务登记时，应当如实填写《税务登记表》。企业在外地的分支机构或者从事生产、经营的场所，还应当登记总机构名称、地址、法人代表、主要业务范围和财务负责人。

（3）开业税务登记的程序。① 申请：在申报办理税务登记时，纳税人应认真填写《税务登记表》；② 提供相关证件、资料；③ 受理与审核；④ 核发税务登记证：税务机关应当自收到申报之日起 30 日内审核并发给税务登记证件。

（4）“一照一码”的登记制度改革。“一照一码”是指各类企业、农民专业合作社及其分支机构在办理设立登记时，不再发放企业的组织机构代码证、税务登记证、社会保险登记证、统计登记证，只发放记载统一社会信用代码的营业执照。“一照”即营业执照，“一码”即统一社会信用代码。“一照一码”证照具有营业执照、组织机构代码证、税务登记证、社会保险登记证、统计登记证相关功能。

在领取“一照一码”营业执照后，企业无须再到质监、社保、统计等部门办理任何手续，但应在领取执照后15日内，去税务部门完成信息确认，并将其财务、会计制度或处理办法报送主管税务机关备案，并向税务机关报告企业全部存款账号。

从2015年10月1日起我国在全国范围推行“三证合一、一照一码”登记改革。新设立企业、农民专业合作社（以下统称“企业”）领取由工商行政管理部门核发加载法人和其他组织统一社会信用代码（以下称“统一代码”）的营业执照后，无须再次进行税务登记，不再领取税务登记证。企业办理涉税事宜时，在完成补充信息采集后，凭加载统一代码的营业执照可代替税务登记证使用。

从2016年10月1日起我国在全国范围进一步推行“五证合一、一照一码”登记改革，自此“三证合一”变为“五证合一”。在企业和农民专业合作社“三证合一、一照一码”的基础上全面实行“五证合一、一照一码”登记模式，由工商行政管理部门核发加载法人和其他组织统一社会信用代码的营业执照，社会保险登记证和统计登记证不再另行发放。

改革后，企业申请设立登记的、原执照有效期满、申请变更登记或者申请换发营业执照的，由登记机关依法核发、换发加载统一代码的营业执照。2018年1月1日前，原发证照继续有效，过渡期结束后一律使用加载统一代码的营业执照，未换发的证照不再有效。取消社会保险登记证和统计登记证的定期验证和换证制度，原有验证和换证要求企业报送的事项经整合后纳入企业年度报告内容，由企业自行向工商部门报送年度报告并向社会公示。

如图3-3和图3-4所示，为“五证合一”示意图和“五证合一，一照一码”营业执照示例图。

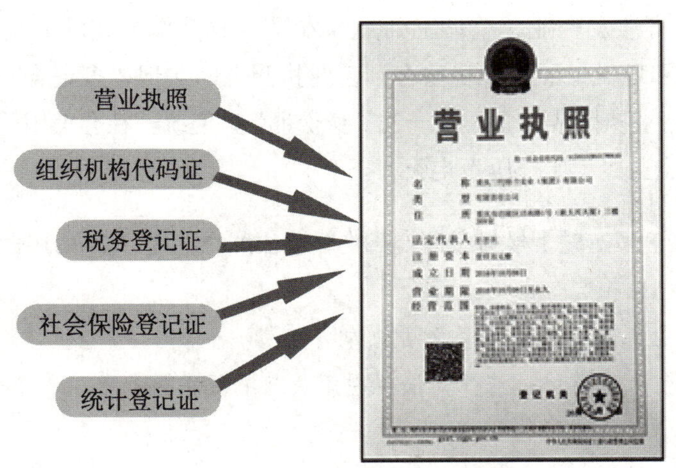

图3-3 “五证合一”示意图

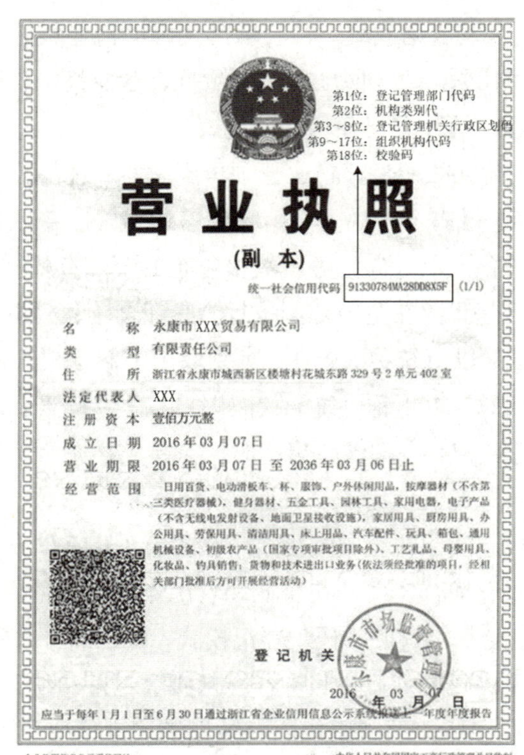

第1位：登记管理部门代码
第2位：机构类别代
第3～8位：登记管理机关行政区划码
第9～17位：组织机构代码
第18位：校验码

营业执照

(副本)

统一社会信用代码 91330784MA28DD8X5F (1/1)

名　　称　永康市XXX贸易有限公司
类　　型　有限责任公司
住　　所　浙江省永康市城西新区楼塘村花城东路329号2单元402室
法定代表人　XXX
注册资本　壹佰万元整
成立日期　2016年03月07日
营业期限　2016年03月07日至2036年03月06日止
经营范围　日用百货、电动滑板车、杯、服饰、户外休闲用品，按摩器材（不含第三类医疗器械），健身器材、五金工具、园林工具、家用电器，电子产品（不含无线电发射设备、地面卫星接收设施），家居用具、厨房用具、办公用具、劳保用具、清洁用具、床上用品、汽车配件、玩具、箱包、通用机械设备、初级农产品（国家专项审批项目除外）、工艺礼品、母婴用具、化妆品、钓具销售；货物和技术进出口业务（依法须经批准的项目，经相关部门批准后方可开展经营活动）

登记机关

2016 年 03 月 07 日

应当于每年1月1日至6月30日通过浙江省企业信用信息公示系统报送上一年度年度报告

企业信用信息公示系统网址：　　中华人民共和国国家工商行政管理总局监制

图 3-4　“五证合一，一照一码”营业执照示例图

2017 年 4 月，国务院常务会议审议通过《关于加快推进“多证合一”改革的指导意见》。2017 年 4 月 28 日，国家市场监督管理总局表示，要求 2017 年 10 月底前，在全国全面推行“多证合一”。“多证合一、一照一码”登记制度改革即在全面实施企业、农民专业合作社工商营业执照、组织机构代码证、税务登记证、社会保险登记证、统计登记证“五证合一、一照一码”登记制度改革和个体工商户工商营业执照、税务登记证“两证整合”的基础上，将涉及企业、个体工商户和农民专业合作社（以下统称企业）登记、备案等有关事项和各类证照进一步整合到营业执照上，实现“多证合一、一照一码”，使“一照一码”营业执照成为企业唯一的“身份证”，使统一社会信用代码成为企业唯一身份代码，实现企业“一照一码”走天下。

【例题 3-20 · 多选题】根据《税收征收管理法》的规定，需要办理税务登记的纳税人有（　　）。

A. 领取营业执照从事生产经营活动的纳税人

B. 不从事生产经营动，法律、法规规定负有纳税义务的单位和个人

C. 只交纳个人所得税的自然人

D. 企业在外地设立分支机构

【正确答案】ABD

【答案解析】企业在外地设立的分支机构和从事生产、经营的场所，个体工商户和从事生产、经营的事业单位，均应当按照《税收征收管理法》《税收征收管理法实施细则》和《税务登记管理办法》的规定办理税务登记。

2．变更登记

变更登记是指纳税人办理税务登记后，因登记内容发生变化对原有登记内容进行更改时，向主管税务机关申报办理的税务登记。

（1）变更登记的适用范围。纳税人办理税务登记后，如发生下列情形之一的，应当办理变更税务登记：① 改变名称；② 改变法定代表人；③ 改变经济性质或经济类型；④ 改变住所或营业地点（不涉及主管税务机关变动的）；⑤ 改变生产或经营方式；⑥ 增加或减少注册资金（资本）；⑦ 改变隶属关系；⑧ 改变生产经营期限；⑨ 改变或增加银行账号；⑩ 改变生产经营权属以及其他税务登记内容。

（2）变更登记的要求主要包括以下两个方面：

第一，对需要在工商行政管理机关办理变更登记的从事生产、经营的纳税人，应当自工商行政管理机关变更登记之日起 30 日内，持下列证件向原税务登记机关办理变更税务登记：① 工商登记变更表及工商营业执照；② 纳税人变更登记内容的有关证明文件；③ 税务机关发放的原税务登记证件（登记证正、副本和税务登记表等）；④ 其他有关资料。

第二，纳税人按照规定不需要在工商行政管理机关办理变更登记，或者其变更登记的内容与工商登记内容无关的，应当自税务登记内容实际发生变化之日起 30 日内，或者自有关机关批准或者宣布变更之日起 30 日内，持下列有关证件向原税务登记机关办理变更税务登记：① 纳税人变更登记内容的有关证明文件；② 税务机关发放的原税务登记证件（登记证正、副本和税务登记表等）；③ 其他有关资料。

税务机关应当自受理之日起 30 日内，审核办理变更税务登记。纳税人税务登记表和税务登记证件中的内容都发生变更的，税务机关按变更后的内容重新核发税务登记证件；纳税人税务登记表的内容发生变更而税务登记证件中的内容未发生变更的，税务机关不重新核发税务登记证件。

3．停业、复业登记

停业、复业登记是指实行定期定额征收方式的纳税人因自身经营的需要暂停或恢复生产经营活动而向主管税务机关申请办理的一种税务登记。停业、复业登记应当按以下规定进行：

（1）实行定期定额征收方式的纳税人，应当在停业前向税务机关申报办理停业登记。纳税人的停业期限不得超过 1 年。

（2）纳税人在申报办理停业登记时，应如实填写《停业申请登记表》，说明停业理由、停业期限、停业前的纳税情况和发票的领、用、存情况，并结清应纳税款、滞纳金、罚款。税务机关应收存其税务登记证件及副本、发票领购簿、未使用完的发票和其他税务证件。

（3）停业期间发生纳税义务的，应按规定申报缴纳税款。

（4）纳税人应于恢复生产经营之前，向税务机关申报办理复业登记，填写《停、复业报告书》。

（5）纳税人停业期满不能及时恢复生产经营的，应当在停业期满前向税务机关提出延长停业登记申请。纳税人停业期满未按期复业又不申请延长停业的，税务机关应当视为已恢复营业，实施正常的税收征收管理。

【例题 3-21·判断题】企业在停业期间发生纳税义务的，应当在复业后与其他发生的纳税义务一起申报纳税。（ ）

【正确答案】错

【答案解析】根据我国税收法律制度的规定，纳税人停业期间发生纳税义务的，应当及时向主管税务机关申报，依法缴纳税款，而不是在复业后办理。

4．注销登记

注销税务登记是纳税人由于法定原因终止纳税义务时，向原税务机关申报办理的取消税务登记的手续。

（1）注销税务登记的适用范围包括：① 纳税人因经营期限届满而自动解散；② 企业由于改组、分立、合并等原因而被撤销；③ 企业资不抵债而破产；④ 纳税人住所、经营地址迁移而涉及改变原主管税务机关；⑤ 纳税人被工商行政管理部门吊销营业执照；⑥ 以及纳税人依法终止履行纳税义务的其他情形。

（2）注销税务登记的时间要求如下：

纳税人发生解散、破产、撤销以及其他情形，依法终止纳税义务的，应当在向工商行政管理机关办理注销登记前，持有关证件和资料向原税务登记管理机关申报办理注销税务登记；按照规定不需要在工商行政管理机关办理注销登记的，应当自有关机关批准或者宣告终止之日起 15 日内，持有关证件和资料向原税务登记管理机关申报办理注销税务登记。

纳税人因住所、生产经营场所变动，涉及改变主管税务登记机关的，应当在向工商行政管理机关或者其他机关申请办理变更、注销登记前，或者住所、生产经营场所变动前，持有关证件和资料，向原税务登记机关申报办理注销税务登记，并自注销税务登记之日起 30 日内向迁达地税务机关申报办理税务登记。

境外企业在中国境内承包建筑、安装、装配、勘探工程和提供劳务的，应当在项目完工、离开中国前 15 日内，持有关证件和资料向原税务登记机关申报办理注销税务登记。

纳税人被工商行政管理机关吊销营业执照的，应当自营业执照被吊销之日起 15 日内，向原税务登记机关申报办理注销税务登记。

（3）办理注销登记的程序如下：

第一，纳税人提出书面申请报告，并提供下列证件、资料。纳税人在办理工商登记注销前和营业执照被吊销或终止日起 15 日内或迁出日前，向原主管税务机关申报办理注销税务登记，同时向税务登记窗口提供如下资料：① 主管部门或董事会（职代会）的决议及其他有关证明文件；② 营业执照被吊销的应提交工商行政管理部门发放的吊销决定；③“清税申报表”（适用于已实行“一码一照”登记模式的纳税人办理注销登记）或“注销税务登记申请审批表”（适用于过渡期间未换发“一照一码”营业执照的纳税人办理注销登记）；④ 分支机构的注销税务登记通知书（涉外企业提供）；⑤ 未使用的发票、发票领购薄；⑥ 税务机关要求提供的其他有关证件和资料。

第二，填报“清税申报表”或“注销税务登记申请审批表”。已实行“一照一码”登记模式的纳税人办理注销登记，须先向税务主管机关申报清税，填写“清税申报表”（略）。纳税人填写完相关内容后，在相关位置盖上单位公章并在经办人签章、法定代表人（负责人）签章处签上相关人员姓名，然后将“清税申报表”交至税务登记窗口。受理税务机关根据清税结果向纳税人统一出具“清税证明”。

过渡期间未换发“一照一码”营业执照的纳税人申请注销，需要领取并填写“注销税务登记申请审批表”。纳税人填写完相关内容后，在相关位置盖上单位公章并在经办人签章、法定代表人（负责人）签章处签上相关人员姓名，然后将“注销税务登记申请审批表”交至税务登记窗口。

5．外出经营报验登记

外出经营报验登记是指从事生产经营的纳税人到外县（市）进行临时性生产经营活动时，按规定向经营地税务机关申报办理的一种税务登记手续。

纳税人到外县（市）临时从事生产经营活动的，应当在外出生产经营前，持税务登记证向主管税务机关申请开具“外出经营活动税收管理证明”（简称“外管证”）。

税务机关根据一地一证的原则，核发“外管证”，“外管证”的有效期一般为 30 日，最长不得超过 180 天。在同一地累计超过 180 天的，应当在营业地办理税务登记手续。

纳税人在“外管证”注明地销售货物的，除提交以上证件、资料外，应如实填写“外出经营货物报验单”，申报查验货物。纳税人外出经营活动结束，应当向经营地税务机关填报外出经营活动情况申请表，并结清税款、缴销发票。

6．纳税人税种登记

纳税人在办理开业或变更登记的同时应当申报填报税种登记，税务机关自受理之日起 3 日内进行税种登记。

7．扣缴义务人扣缴税款登记

扣缴义务人应当自扣缴义务发生之日起 30 日内，向所在地的主管税务机关申报办理扣缴税款登记，领取扣缴税款登记证件。税务机关对已办理税务登记的扣缴义务人，可以只在其税务登记证件上登记扣缴税款事项，不再发给扣缴税款登记证件。

二、发票开具与管理

（一）发票的概念和种类

发票是指在购销商品、提供或者接受服务及从事其他经营活动中，开具、收取的收付款的书面证明。它是确定经济收支行为发生的法定凭证，是会计核算的原始依据，也是税务稽查的重要依据。

根据《中华人民共和国发票管理办法》等相关法规规定，发票分为增值税专用发票（含机动车销售统一发票）、增值税普通发票和其他发票三类。

1．增值税专用发票（含机动车销售统一发票）

增值税专用发票是增值税一般纳税人销售货物或者提供应税劳务开具的发票，是购买方支付增值税税额并可按照增值税有关规定据以抵扣增值税进项税额的凭证。其式样和印制及管理规定均由国家税务总局制定，其他单位或个人不得擅自变更。只有经国家税务机关认定的增值税一般纳税人才能领购和使用。

增值税专用发票基本联次：第一联为记账联，第二联为抵扣联，第三联为发票联。记账联，作为销售方核算销售收入和增值税销项税额的记账凭证；抵扣联，作为购买方报送主管税务机关认证和留存备查的凭证；发票联，作为购买方核算采购成本和增值税进项税额的记账凭证。其他联次的用途，由一般纳税人自行确定。

2．增值税普通发票

增值税普通发票主要由增值税小规模纳税人使用，增值税一般纳税人在不能开具专用发票的情况下也可以使用普通发票。增值税普通发票除了原来常用的增值税普通发票以外，还新增了增值税电子普通发票和增值税普通发票（卷票）。

普通发票按照国家税务总局的规定分别由省、自治区、直辖市国家税务局、地方税务局指定企业印制。普通发票的基本联次为三联：第一联为存根联，由开票方留存备查；第二联为发票联，收执方作为付款或收款原始凭证，填开后的发票联要加盖财务章或发票专用章；第三联为记账联，开票方作为记账原始凭证。

3．其他发票

其他发票包括农产品收购发票、农产品销售发票、门票，过路（过桥）费发票、定额发票、客运发票和二手车销售统一发票等。

（二）发票开具的要求

单位、个人在购销商品、提供或者接受经营服务及从事其他经营活动的过程中，应当

按照规定开具发票。销售商品、提供服务及从事其他经营活动的单位和个人，对外发生经营业务收取款项，收款方应向付款方开具发票；收款单位和扣缴义务人支付款项时，由付款方向收款方开具发票。发票的开具必须符合国家的有关规定，具体包括以下几个方面：

（1）单位和个人只有在发生业务、确认营业收入时，才能开具发票，未发生经营业务，一律不得开具发票。

（2）开具发票时应按顺序号填开。填写项目齐全、内容真实、字迹清楚、全部联次一次性复写或打印，内容完全一致，并在发票联和抵扣联加盖单位财务印章或者发票专用章。

（3）填写发票应当使用中文。民族自治地区可以同时使用当地通用的一种民族文字；外商投资企业和外资企业可以同时使用一种外国文字。

（4）使用电子计算机开具发票必须报主管税务机关批准，并使用税务机关统一监制的机打发票。开具后的存根联应当按照顺序号装订成册，以备税务机关检查。

（5）开具发票的时限、地点应符合规定。发票的开票时限记载的是购销商品、提供劳务等业务实际发生的时间，必须准确，不得提前或推后。

（6）任何单位和个人不得转借、转让、代开发票；未经税务机关批准，不得拆本使用发票；不得自行扩大专业发票使用范围。

三、纳税申报

（一）纳税申报的概念

纳税申报是指纳税人、扣缴义务人按照法律、行政法规的规定，在申报期限内就纳税事项向税务机关提出书面申报的一种法定手续。

（二）纳税申报的方式

纳税人应依照法律、法规规定的申报期限、申报内容，如实填写纳税申报表，办理纳税申报手续。纳税申报的主要方式有：直接申报、邮寄申报、数据电文申报、简易申报和代理申报。

1. 直接申报

直接申报即上门申报，是指纳税人、扣缴义务人持有关资料，直接到税务机关办理纳税申报。

2. 邮寄申报

邮寄申报是指经税务机关批准的纳税人、扣缴义务人使用统一的纳税申报特快专递专用信封，通过邮政部门办理交寄手续，并向邮政部门索取收据作为申报凭据的方式。邮寄申报以寄出地的邮局邮戳日期为实际申报日期。

3. 数据电文申报

数据电文申报，又称电子申报，是指纳税人、扣缴义务人、代征人采用电子数据交换、电子邮件、电报、电传或者传真等办法向税务机关办理纳税申报或者报送代扣代缴、代收代缴报告表的申报方式。

4. 简易申报

简易申报是指实行定期定额征收的纳税人，经税务机关批准，通过以缴纳税款凭证代替申报或简并征期的一种申报方式。

5. 代理申报

代理申报是指纳税人按照税收法律、行政法规和规章的规定，通过具有法定代理资格的代理机构，报送各税种纳税申报表、扣缴税款报告表、代征税款报告表的申报方式。

（三）延期申报

纳税人和扣缴义务人因不可抗力的作用不能近期办理纳税申报的，可申请延期申报。所谓不可抗力是指不可避免和无法抵御的自然灾害，如风、火、水、地震等自然灾害。

允许延期申报的期限是由当地主管税务机关（县级或县级以上）视纳税人和扣缴义务人的困难程度，批准其延长的具体期限，但一般最长不得超过 3 个月。

四、税款征收

税款征收是国家税务机关等主体依照税收法律、法规规定将纳税人应当缴纳的税款征收入库的一系列活动的总称。它是税收征收管理工作的中心环节，是全部税收征收管理工作的目的和归宿。

（一）税款征收方式

税款的征收，按应纳税额计算、入库的方式及征收手段等标准划分，可分为以下几种。

1. 查账征收

查账征收是指税务机关对账务健全的纳税人，依据其报送的纳税申报表、财务会计报表和其他有关纳税资料，计算应纳税款，填写缴款书或完税证，由纳税人到银行划解税款的一种税款征收方式。这种方式适用于会计制度较为健全、能认真履行纳税义务的纳税人。

2. 查定征收

查定征收是指由税务机关根据纳税人的生产设备、采用原材料等因素，在正常情况下的生产、销售情况，对其生产的应税产品查定产量和销售额，然后依照税法规定的税率征收的一种税款征收方式。这种方式主要适用于生产规模较小、账册不健全、财务管理和会计核算水平较低、产品零星、税源分散的纳税人。

3．查验征收

查验征收是指税务机关对纳税人的应税商品，通过查验数量，按市场一般销售单价计算其销售收入，并据以计算应纳税款的一种税款征收方式。这种方式适用于经营品种比较单一，经营地点、时间和商品来源不固定的纳税单位。

4．核定征收

核定征收是指税务机关对不能完整、准确提供纳税资料的纳税人，采用特定方式确定其应纳税收入或应纳税额，纳税人据以缴纳税款的一种税款征收方式。这种方式适用于纳税人财务制度不健全、生产经营不固定、零星分散、流动性大的税额。

5．定期定额征收

定期定额征收是指税务机关依照有关法律、法规的规定，按照一定的程序，核定纳税人在一定经营时期内的应纳税经营额及收益额，并以此为计税依据，确定其应纳税额的一种税款征收方式。这种方式适用于生产规模小，又确无建账能力，难以查账征收，不能准确计算计税依据，经主管税务机关审核，县级以上（含县级）税务机关批准可以不设置账簿或暂缓建账的小型纳税人（包括个体工商户和个人独资企业）。

6．代扣代缴

代扣代缴是指按照税法规定，负有扣缴税款的法定义务人，在向纳税人支付款项时，依法从所支付的款项中直接扣收税款并代为缴纳的一种税款征收方式。这种方式有利于对零星、分散、不易控制的税款实行源泉控管。

7．代收代缴

代收代缴是指按照税法规定，负有收缴税款的法定义务人，对纳税人应纳的税款进行代收代缴的一种税款征收方式。即由与纳税人有经济业务往来的单位和个人向纳税人收取款项时，依照税法的规定代为收取税款。这种方式适用于税收网络覆盖不到或很难控制的领域，如委托加工应税消费品，由受托方代收代缴消费税。

8．委托征收

委托征收是指受托单位按照税务机关核发的代征证书的要求，以税务机关的名义向纳税人征收一些零散税款的一种税款征收方式。根据国家法律、行政法规的授权，税务机关将国家赋予其的部分征税权，委托其他部门和单位代为行使，并通过部门和单位的代征行为将税款缴入国库。这种方式的应用有利于控制税源，方便征纳双方，降低征收成本。

9．其他征收方式

除上述方式外，随着科学技术的发展和征收改革的不断推进，新的更方便、快捷、安全、有效的税款征收方式会有所发展并完善，如采取网络申报、IC 卡纳税、邮寄纳税等其他方式。

【例题 3-22 · 单选题】华艺公司是一家在我国境内上市的公司，税务机关应当对其采取的税款征收方式为（　　）。

A. 查账征收　　B. 查定征收

C. 查验征收　　D. 定期定额征收

【正确答案】A

【答案解析】华艺为上市公司，所以财务会计制度健全，会计记录完整，所以适合用查账征收。

（二）税款征收措施

1. 由主管税务机关核定应纳税额

（1）核定应纳税额的对象。根据《税收征收管理法》第 35 条的规定，纳税人有下列情形之一的，税务机关有权核定其应纳税额：① 依照法律、行政法规的规定可以不设置账簿的；② 依照法律、行政法规的规定应当设置但未设置账簿的；③ 擅自销毁账簿或者拒不提供纳税资料的；④ 虽设置账簿，但账目混乱或者成本资料、收入凭证、费用凭证残缺不全，难以查账的；⑤ 发生纳税义务，未按照规定的期限办理纳税申报，经税务机关责令限期申报，逾期仍不申报的；⑥ 纳税人申报的计税依据明显偏低，又无正当理由的。

（2）税务机关核定税额的方法。根据《税收征收管理法实施细则》第 47 条的规定，税务机关有权采用下列任何一种方法核定纳税人的应纳税额：① 参照当地同类行业或者类似行业中经营规模和收入水平相近的纳税人的税负水平核定；② 按照营业收入或者成本加合理的费用和利润的方法核定；③ 按照耗用的原材料、燃料、动力等推算或者测算核定；④ 按照其他合理方法核定。

采用以上所列一种方法不足以正确核定应纳税额时，可以同时采用两种以上的方法核定。

2. 责令缴纳和加收滞纳金

根据《税收征收管理法》的规定，纳税人未按照规定期限缴纳税款的，扣缴义务人未按照规定期限解缴税款的，税务机关除责令限期缴纳外，从滞纳税款之日起，按日加收滞纳税款万分之五的滞纳金。

其操作程序是先由税务机关发出催缴税款通知书，责令限期缴纳或解缴税款。责令限期缴纳或解缴税款的最长期限不得超过 15 天。

加收滞纳金的起止时间为法律、行政法规规定或者税务机关依照法律、行政法规的规定确定的税款缴纳期限届满次日起至纳税人、扣缴义务人实际缴纳或者解缴税款之日止。经税务机关批准延期缴纳税款的，在批准期限内不得加收滞纳金。

3. 责令提供纳税担保

纳税担保是指经税务机关同意或者确认，纳税人或其他自然人、法人、经济组织，以保证、抵押、质押的方式，为纳税人应当缴纳的税款及滞纳金提供担保的行为。

（1）适用纳税担保的情形具体包括：① 纳税人在责令限期缴纳应纳税款的限期内有明显的转移、隐匿其应纳税的商品、货物及其他财产或者应纳税收入的迹象的；② 欠缴税款、滞纳金的纳税人或者其法定代表人需要出境的；③ 纳税人同税务机关在纳税上发生争议而未缴清税款需要申请行政复议的。

（2）纳税担保的具体方式具体包括：① 纳税人提供并经主管国家税务机关认可的纳税担保人可作纳税担保。纳税担保人必须是经主管国家税务机关认可的，在中国境内具有纳税担保能力的公民、法人或者其他经济组织。国家机关不能作为纳税担保人；② 纳税人以其所拥有的未设置抵押权的财产作纳税担保；③ 纳税人预缴纳保证金。

4．税收保全措施

（1）税收保全措施的概念。税收保全措施是指税务机关在规定的纳税期限之前，对由于纳税人的行为或者某种客观原因，致使以后的税款征收不能保证或难以保证的案件，采取限制纳税人处理或转移商品、货物或其他财产的强制措施。通俗地说，税收保全就是税务机关限制纳税人的商品、货物或其他财产转移。

（2）税收保全措施的适用情形。税务机关有根据认为从事生产、经营的纳税人有逃避纳税义务行为的，可以在规定的纳税期之前，责令限期缴纳应纳税款；在限期内发现纳税人有明显的转移、隐匿其应纳税的商品、货物及其他财产或者应纳税收入迹象的，税务机关可以责成纳税人提供纳税担保；如果纳税人不能提供纳税担保，经县以上税务局（分局）局长批准可以采取税收保全措施。

（3）税收保全的措施。① 书面通知纳税人开户银行或其他金融机构暂停支付纳税人相当于应纳税款的存款；② 扣押、查封纳税人相当于应纳税款的商品、货物或其他财产。

（4）税收保全的解除。纳税人在税务机关采取税收保全措施后，按照税务机关规定的期限缴纳税款的，税务机关应当自收到税款或者银行转回的完税凭证之日起 1 日内解除税收保全。纳税人在限期内已缴税款，税务机关未立即解除税收保全措施使纳税人合法权益受损失的，税务机关应当承担赔偿责任。

（5）不适用税收保全措施的财产。个人及所扶养家属维持生活必需的住房和用品，不在税收保全措施的范围之内。税务机关对单价在 5 000 元以下的其他生活用品，不采取税收保全措施。

5．税收强制执行措施

税收强制执行措施是指当事人不履行法律、行政法规规定的义务时，有关国家机关采取的强迫当事人履行义务的手段。

（1）税收强制执行措施的适用情形。① 根据《税收征收管理法》的规定，从事生产、经营的纳税人、扣缴义务人未按照规定的期限缴纳或者解缴税款，纳税担保人未按照规定的期限缴纳所担保的税款，由税务机关责令限期缴纳，逾期仍未缴纳的，经县以上税务局（分局）局长批准，税务机关可以采取强制执行措施；② 对已财务税收保全措施的纳税人，限期内仍未履行纳税义务的，可依法采取税收强制执行措施。

（2）税收强制执行措施的形式。① 书面通知其开户银行或者其他金融机构从其存款中扣缴税款；② 扣押、查封、依法拍卖或者变卖其价值相当于应纳税款的商品、货物或者其他财产，以拍卖或者变卖所得抵缴税款。税务机关采取强制执行措施时，对纳税人、扣缴义务人、纳税担保人未缴纳的滞纳金同时强制执行但不包括罚款。

（3）不适用税收强制执行措施的财产。个人及其抚养家属维持生活必需的住房和用品不在强制执行的范围内。税务机关对单价在 5 000 元以下的其他生活用品，不采取税收强制执行措施。

6. 税款的退还与追征

（1）税款的退还。纳税人多缴纳的税款，税务机关发现后应当立即退还。纳税人自结算缴纳税款之日起 3 年内发现的，可以向税务机关要求退还多缴的税款并加算银行同期存款利息，税务机关及时查实后应当立即退还；纳税人在结清缴纳税款之日起 3 年后向税务机关提出退还多缴税款要求的，税务机关不予受理。

（2）税款的追征。因税务机关的责任，致使纳税人、扣缴义务人未缴或者少缴税款的，税务机关在 3 年内可以要求纳税人、扣缴义务人补缴税款，但是不得加收滞纳金。因纳税人、扣缴义务人计算错误等失误，未缴或者少缴税款的，税务机关在 3 年内可以追征税款，并加收滞纳金；有特殊情况的（即数额在 10 万元以上的），追征期可以延长到 5 年。对因纳税人、扣缴义务人和其他当事人偷税、抗税、骗税等原因而造成未缴或者少缴的税款、骗取退税款的，税务机关可以无限期追征。

五、税务代理

（一）税务代理的概念和特征

税务代理是代理人接受纳税主体的委托，在法定的代理范围内依法代其办理相关税务事宜的行为。税务代理行为具有公正性、自愿性、有偿性、独立性和确定性等特征。

（二）税务代理的法定业务范围

税务代理的业务范围是指法律规定的税务代理人可以从事的税务代理事项。我国税务代理的业务范围包括：

（1）办理税务登记、变更税务登记和注销税务登记手续。

（2）办理发票领购手续。

（3）办理纳税申报或扣缴税款报告。

（4）申请减税、免税、退税、补税和延期缴税。

（5）制作涉税文书。

（6）进行税务检查。

（7）建账建制，办理账务。

（8）开展税务咨询、税务业务培训。

（9）受聘税务顾问。

（10）申请税务行政复议或进行税务行政诉讼。

（11）国家税务总局规定的其他业务。

六、税务检查

（一）税务检查的概念

税务检查是指税务机关根据税收法律、行政法规的规定，对纳税人、扣缴义务人履行纳税义务、扣缴义务及其他有关业务事项进行审查、核实、监督活动的总称。税务机关在行使税务检查权时，应当依照法定权限和程序进行。税务检查是税收征管的重要环节，是对税收日常征管工作的补充。

税务检查的形式包括重点检查、分类计划检查、集中性检查、临时性检查和专项检查等。通过税务检查，可以加强各项税收政策的贯彻执行，提高税收管理水平，保证国家的财政收入。

（二）税务检查的权限

税务检查过程中，税务机关主要有以下权利：

（1）查账权。税务机关有权检查纳税人的账簿、记账凭证、报表和有关资料，检查扣缴义务人代扣代缴、代收代缴税款账簿、记账凭证和有关资料。

（2）场地检查权。税务机关有权到纳税人的生产、经营场所和货物存放地检查纳税人应纳税的商品、货物或者其他财产，检查扣缴义务人与代扣代缴、代收代缴税款有关的经营情况。

（3）责成提供资料权。税务机关实施税务检查时有权责成纳税人、扣缴义务人提供与纳税或者代扣代缴、代收代缴税款有关的文件、证明材料和有关资料。

（4）询问权。税务机关有权询问纳税人、扣缴义务人与纳税或者代扣代缴、代收代缴税款有关的问题和情况。

（5）查证权。税务机关有权到车站、码头、机场、邮政企业及其分支机构检查纳税人托运、邮寄应纳税商品、货物或者其他财产的有关单据、凭证和有关资料。

（6）检查存款账户权。经县以上税务局（分局）局长批准，凭全国统一格式的检查存款账户许可证明，查询从事生产、经营的纳税人、扣缴义务人在银行或者其他金融机构的存款账户。查询的内容包括纳税人存款账户余额和资金往来情况。

【例题 3-23·多选题】根据税收征管法律制度的规定，税务机关在实施税务检查时，可以采取的措施有（　　）。

A. 检查纳税人的会计资料

B. 检查纳税人货物存放地的应纳税商品

C. 检查纳税人托运、邮寄应纳税商品的单据、凭证

D. 经法定程序批准，检查纳税人在银行的存款账户

【正确答案】ABCD

【答案解析】税务检查过程中，税务机关主要有以下权利：查账权、场地检查权、责成提供资料权、询问权、查证权、检查存款账户权。

七、税收法律责任

税收法律责任就是税收法律关系的主体因其违反税法义务、实施违反税法的行为所应承担的否定性法律后果。根据税收征收管理的性质和特点，税收违法行为承担的法律责任形式主要包括行政法律责任和刑事法律责任两大类，行政违法承担行政法律责任，刑事违法承担刑事法律责任。

税收违法的行政处罚是行政处罚的一部分，其法律依据是行政处罚法和税收征收管理法。税收违法的行政处罚形式主要有责令限期改正、罚款、没收财产、收缴未用发票和暂停发票和停止出口退税权等；税收违法的刑事处罚形式主要有拘役、判处徒刑、罚金和没收财产等。

思考与练习

一、单项选择题

1. 下列不属于税收基本特征的是（　　）。

A. 税收的无偿性　　B. 税收的固定性

C. 税收的独立性　　D. 税收的强制性

2. 下列税种中，属于流转税的是（　　）。

A. 个人所得税　　B. 消费税　　C. 资源税　　D. 契税

3. 下列属于税收程序法的是（　　）。

A. 《中华人民共和国所得税法》

B. 《中华人民共和国增值税暂行条例》

C. 《中华人民共和国税收征收管理法》

D. 《中华人民共和国个人所得税法》

4．《税收征管法》属于（　　）。

A．税收法律　　B．税收规章　　C．税收法规　　D．税收暂行规定

5．下列关于增值税的说法中，表述不正确的是（　　）。

A．增值税是价外税　　B．小规模纳税人的征收率为3%

C．我国增值税基本税率是13%　　D．我国增值税低税率为11%

6．下列不属于我国消费税计税方法的是（　　）。

A．从价定率征收　　B．从量定额征收

C．从价定率和从量定额复合征收　　D．从价定额征收

7．根据《企业所得税法》，我国企业所得税的基本税率是（　　）。

A．25%　　B．20%　　C．15%　　D．10%

8．下列企业可以认定为增值税一般纳税人的是（　　）。

A．非企业性单位

B．自然人

C．年应税销售额为40万元的从事货物零售的小规模企业

D．从事货物生产或提供应税劳务的纳税人，年应税销售额在500万元以上的

9．某小汽车专卖店为一般纳税人，2019年5月份销售小汽车取得不含税收入500万元，另外发生价外费用11.3万元（含税），当期取得增值税专用发票上注明的增值税税款为45万元。则该专卖店当期应缴纳的增值税为（　　）万元。

A．1.3　　B．18.7　　C．20　　D．21.3

10．某演员参加商业演出，一次性获得表演收入50 000元。该演员应缴纳个人所得税的税额为（　　）元。

A．2 480　　B．10 590　　C．1 480　　D．2 500

11．某从事商品零售的小规模纳税人，2019年1月份销售商品取得含税收入10 300元，当月该企业应纳的增值税是（　　）元。

A．412　　B．396.2　　C．309　　D．300

12．下列各选项中，属于增值税一般纳税人采购商品物资的基本税率的是（　　）。

A．17%　　B．11%　　C．13%　　D．16%

13．增值税纳税人提供交通运输、邮政、基础电信、建筑、不动产租赁服务，销售不动产，转让土地使用权，税率为（　　）。

A．3%　　B．9%　　C．10%　　D．16%

14．甲公司为增值税一般纳税人，2019年4月进口一批应税消费品，关税完税价格为72 000元，进口该应税消费品适用税率为10%，关税税率为50%，增值税税率为13%。则其进口时应缴纳的增值税税额为（　　）元。

A．9 360　　B．36 000　　C．120 000　　D．15 600

15. 纳税人销售下列货物，适用9%的低税率的是（　　）。

A. 有形动产租赁服务　　B. 电信服务

C. 食用植物油　　D. 修理修配劳务

16. 王某2018年9月取得的下列收入中，免征个人所得税的是（　　）。

A. 国债利息收入500元

B. 商场购物中奖所得1 000元

C. 稿酬所得3 000元

D. 房屋租赁所得2 500元

17. 下列各项中，属于需要国家重点扶持的高新技术企业所得税税率是（　　）。

A. 15%　　B. 20%　　C. 25%　　D. 30%

18. 下列各项中，属于非居民个人的是（　　）。

A. 在中国境内无住所又不居住，或者无住所而一个纳税年度内在中国境内居住累计不满一百八十三天的个人

B. 在中国境内无居住时间满365天的个人

C. 在中国境内无住所的个人

D. 在中国境内有住所，但目前未居住的个人

19. 下列不属于税务代理特征的是（　　）。

A. 公正性　　B. 自愿性

C. 无偿性　　D. 独立性

20. 税务机关依照有关法律、法规的规定，按照一定的程序，核定纳税人在一定经营时期内的应纳税经营额或所得额，并以此为计税依据，确定其应纳税额。这种征收方式属于（　　）。

A. 查账征收　　B. 查验征收

C. 定期定额征收　　D. 查定征收

二、多项选择题

1. 税收的主要作用包括（　　）。

A. 税收是国家组织财政收入的主要形式

B. 税收是国家调控经济的重要杠杆之一

C. 税收具有维护国家政权的作用

D. 税收是国际经济交往中维护国家利益的可靠保证

2. 下列各项中，属于税法构成要素的有（　　）。

A. 纳税义务人　　B. 税目　　C. 税率　　D. 法律责任

3．下列各项中，属于中央税的有（　　）。

A．进口环节增值税　　B．消费税

C．关税　　D．土地增值税

4．下列货物中，按低税率计征增值税的有（　　）。

A．食用植物油　B．石油液化气　C．图书、报纸　D．自来水

5．根据个人所得税法律制度有关规定，下列各项中，属于个人所得税应税项目的有（　　）。

A．劳动报酬所得　B．稿酬所得　C．保险赔款　D．彩票中奖所得

6．下列税种中，属于流转税类的有（　　）。

A．增值税　B．个人所得税　C．企业所得税　D．消费税

7．在计算企业所得税应纳税额时扣除的不征税收入，主要包括（　　）。

A．财政拨款　　B．行政事业性收费

C．政府性基金　　D．接受捐赠收入

8．下列关于征税对象的说法中，表述正确的有（　　）。

A．征税对象又称课税对象，是税收法律关系中权利、义务所指的对象

B．征税对象仅指的是具体物，它是区别不同类型税种的主要标志

C．根据征税对象的不同，税收可分为流转税、所得税、资源税、财产税和行为税类

D．征税对象是构成税法的基本要素之一

9．税务机关采取税收保全措施有着严格的适用条件。下列属于税务机关采取税收保全措施必须满足的条件的是（　　）。

A．税务机关有根据认为纳税人有逃避纳税义务行为的

B．纳税人不能提供纳税担保的

C．必须经县级以上税务局（分局）局长批准

D．扣押、查封物品的价值须与纳税人应履行的纳税义务相当

10．根据个人所得税法律制度的规定，下列各项在计算应纳税所得额时，按照定额与比例相结合的方法扣除费用的有（　　）。

A．劳务报酬所得

B．特许权使用费所得

C．企事业单位的承包、承租经营所得

D．财产转让所得

11．下列关于增值税纳税义务发生时间的说法中，表述正确的有（　　）。

A．进口货物，为货物验收入库的当天

B．采取预收货款方式销售货物，为收到预收款的当天

C．采取委托银行收款方式销售货物，为发出货物并办妥托收手续的当天

D．销售应税劳务，为提供劳务同时收讫销售额或取得索取销售额的凭据的当天

12．发票的使用要求包括（　　）。

A．不得转借、转让、代开发票

B．未经批准，不得拆本使用发票

C．不得自行扩大专业发票的使用范围

D．开具发票的时限、地点应符合规定

13．下列各项中，符合我国《个人所得税法》规定的有（　　）。

A．偶然所得按每次收入额为应纳税所得额

B．稿酬所得按应纳税额减征 70%

C．国债利息收入免征个人所得税

D．对个人出租居民住房取得的所得按 10%计征

14．在下列情况下，企业需要办理变更登记的有（　　）。

A．企业改变开户银行　　B．企业改变注册资本

C．企业改变法定代表人　　D．企业被吊销营业执照

15．在现行纳税申报方式中，属于数据电文申报所采取的手段包括（　　）。

A．电话语言　　B．网络传输

C．电子数据　　D．邮寄

16．下列各项中，属于增值税征收范围的有（　　）。

A．销售的货物　　B．提供交通、邮政、电信等服务

C．进口的货物　　D．提供的加工、修理修配劳务

17．下列各项中，实行从量定额征收消费税的应税消费品有（　　）。

A．啤酒　　B．实木地板

C．卷烟　　D．黄酒

18．根据企业所得税法律制度的规定，下列各项中，属于免税收入的有（　　）。

A．国债利息收入

B．财政拨款

C．符合规定条件的居民企业之间的股息、红利等权益性投资收益

D．接受捐赠的收入

19．增值税专用发票的基本联次应包括（　　）。

A．存根联　　B．发票联

C．记账联　　D．抵扣联

20. 根据税收征收管理法律制度的规定，下列各项中，属于税收保全措施的有（　　）。

A．书面通知纳税人开户银行从其存款中直接扣缴税款

B．拍卖纳税人的价值相当于应纳税款的商品、货物或者其他财产

C．书面通知纳税人开户银行冻结纳税人的金额相当于应纳税款的存款

D．扣押、查封纳税人的价值相当于应纳税款的商品、货物或者其他财产

三、判断题

1．当征税对象的数额小于起征点和免征额时，都不予征税。（ ）

2．提供现代服务业服务，适用的增值税税率为3%。（ ）

3．提供交通运输业服务，适用的增值税税率为9%。（ ）

4．纳税地点是指纳税人依据税法规定向征税机关申报纳税的具体地点。通常，在税法上规定的纳税地点是机构所在地、经济活动发生地、财产所在地、报关地等。（ ）

5．税务机关采取税收保全措施的期限一般不得超过6个月。重大案件需要延长的，应当报当地税务部门批准。（ ）

6．企业所得税所称居民企业是指依法在中国境内成立，或者依照外国（地区）法律成立但实际管理机构在中国境内的企业。（ ）

7．非营利组织不属于企业，不需要缴纳企业所得税。（ ）

8．《企业所得税法》和《个人所得税法》属于税收法律。（ ）

9．对于设置了账簿的企业，税务机关只能采用查账征收的方式征收税款。（ ）

10．财产税类是以纳税人拥有的财产数量或财产价值为征税对象的一类税收。我国现行的车船税就属于财产税类。（ ）

11．税务机关可以自行规定提前征收，延期征收税款。（ ）

12．工商税类主要包括增值税、消费税、资源税、企业所得税和个人所得税等税种。（ ）

13．按照计税标准不同进行分类，税收可分为从价税、从量税和复合税。（ ）

14．对于符合条件的小型微利企业，应按基本税率征收企业所得税。（ ）

15．增值税一般纳税人将委托加工的货物无偿赠送他人，不征收增值税。（ ）

16．征税人仅包括代表国家行使税收征管职权的各级税务机关。（ ）

17．应纳税所得额=收入总额−不征税收入额−免税收入额−各项扣除额−准予弥补的以前年度亏损额。此应纳税所得额计算方法为间接计算法。（ ）

18．税法是指税收法律制度，是国家权力机关和行政机关制定的用以调整国家与纳税人之间在征纳税方面的权利与义务关系的法律规范的总称，是国家法律的重要组成部分。（ ）

19．纳税人暂停生产经营活动时应办理注销登记，待复业时再办理纳税申报。（ ）

20. 查定征收仅适用于生产经营规模较小、产品零星、会计核算不健全的小型厂矿和作坊。（　　）

四、案例分析题（不定项选择）

1. 某企业属于需国家重点扶持的高新技术企业，2018 年实现收入总额 3 000 万元（其中，国债利息收入 300 万元）。发生各项成本费用共计 2 000 万元，其中包括，合理的工资奖金总额 500 万元，职工福利费 50 万元，职工教育经费 30 万元，工会经费 30 万元，公益性捐赠 50 万元。

根据上述资料，回答下列问题：

（1）关于该企业职工福利费扣除限额的说法中，表述正确的是（　　）。

A．准予扣除的职工福利费是 50 万元

B．准予扣除的职工福利费是 70 万元

C．准予扣除的职工福利费是 10 万元

D．准予扣除的职工福利费是 12.5 万元

（2）关于该企业职工教育经费扣除限额的说法中，表述正确的有（　　）。

A．准予扣除的职工教育经费是 30 万元

B．职工教育经费超过法定扣除标准的，准予在以后纳税年度结转扣除

C．准予扣除的职工教育经费是 10 万元

D．准予扣除的职工教育经费是 2 万元

（3）关于该企业职工工会经费扣除限额的说法中，表述正确的有（　　）。

A．准予扣除的职工工会经费是 10 万元

B．职工工会经费超过法定扣除标准的，准予在以后纳税年度结转扣除

C．准予扣除的职工工会经费是 8 万元

D．准予扣除的职工工会经费是 30 万元

（4）关于公益性捐赠的说法中，表述正确是（　　）。

A．准予扣除的公益性捐赠是 50 万元

B．准予扣除的公益性捐赠是 120 万元

C．准予扣除的公益性捐赠是 360 万元

D．准予扣除的公益性捐赠是 240 万元

（5）该企业使用的企业所得税税率是（　　）。

A．25%　　B．20%　　C．15%　　D．33%

2. 作家吴某是一名自由职业者，2019 年开了一家书店并取得个体工商户营业执照，其 2019 年收入如下：

（1）被某电视台“五一”文艺晚会组聘为顾问，取得顾问费 8 000 元。

（2）在某高校中文系兼课，每月两次，每次课酬 800 元。

（3）与某高校两位老师共写一本书，共得稿费 24 000 元，吴某得主编费 6 000 元，其余稿费 3 人平分。

（4）一年期特许权使用费，取得收入 90 000 元。

（5）吴某书店全年销售额 90 000 元，扣除进货成本、税金、费用后，纯收入 30 000 元。

假设本年吴某计算个人所得税时的专项扣除、专项附加扣除和依法确定的其他扣除为 40 000 元。

根据上述资料，回答下列问题：

（1）吴某取得的顾问费 8 000 元属于（　　）。

A．劳务报酬所得　　B．偶然所得

C．稿酬所得　　D．工资薪金所得

（2）吴某本年综合所得的应纳税所得额为（　　）元。

A．480　　B．135 600　　C．129 200　　D．10 480

（3）出版个人作品集属于稿酬收入，稿酬所得应纳税所得额的计算公式为（　　）。

A．每次收入不足 4 000 元的，应纳税所得额=每次收入额−800

B．每次收入超过 4 000 元的，应纳税所得额=每次收入额×（1−20%）

C. 每次收入超过 4 000 元的，应纳税所得额=每次收入额×（1−20%）×（1−30%）

D. 每次收入不足 4 000 元的，应纳税所得额=（每次收入额−800）×（1−30%）

（4）吴某 2019 年书店收入应缴纳个人所得税税额为（　　）元。

A．6 000　　B．7 500　　C．4 500　　D．1 500

（5）吴某本年度应缴纳的个人所得税税额为（　　）元。

A．1 548　　B．16 200　　C．1 514.4　　D．2 548

第四章 违反财经法规的法律责任

【引　　言】

法律责任是指违反法律规定的行为应承担的法律后果，分为民事责任、行政责任和刑事责任三种形式。违反财经法规的法律责任主要是行政责任和刑事责任。本章我们就法律责任、违反财经法规的法律责任等知识进行学习。

【学习目标】

◎ 了解法律责任的概念和形式。
◎ 熟悉行政责任和刑事责任的种类。
◎ 熟悉违反《会计法》及其他法律制度的行为，以及应承担的法律责任。

第一节 法律责任概述

一、法律责任的概念和形式

法律责任是指违反法律规定的行为应承担的法律后果，也就是对违法者的制裁。《会计法》规定的“法律责任”主要有两种形式：一是行政责任，二是刑事责任。

行政责任是行政法律关系主体在国家行政管理活动中因违反了行政法律规范，不履行行政上的义务而产生的责任。它分为行政处罚和行政处分。

刑事责任是指触犯《刑法》的犯罪人所应承受的由国家审判机关（人民法院）给予的制裁，即刑罚。根据《刑法》规定，刑罚分为主刑和附加刑。

二、行政责任和刑事责任

（一）行政责任

行政责任分为行政处罚和行政处分两种。

1．行政处罚

行政处罚是指行政主体依据一般行政管理职权，对其认为违反行政法的强制性义务、违反行政管理程序的行政管理相对人所实施的一种行政制裁措施。

行政处罚的表现形式主要有警告，罚款，没收违法所得、没收非法财物，责令停产停

业，暂扣或者吊销许可证、暂扣或者吊销执照，行政拘留。此外，还有法律、行政法规规定的其他行政处罚。

2. 行政处分

行政处分是国家工作人员违反行政法律规范所应承担的一种行政法律责任，是行政机关对国家工作人员故意或者过失侵犯行政相对人的合法权益所实施的法律制裁。

行政处分的方式主要有警告、记过、记大过、降级、撤职、留用察看和开除等惩罚性措施。

（二）刑事责任

刑事责任是指犯罪行为应承担的法律责任，即对犯罪分子依照刑事法律的规定追究的法律责任，包括主刑和附加刑等刑罚处理方法。

（1）主刑是对犯罪分子适用的主要刑罚方法，只能独立适用，对犯罪分子只能判处一种主刑，包括管制、拘役、有期徒刑、无期徒刑和死刑。

（2）附加刑（从刑）包括罚金、剥夺政治权利和没收财产，既可独立适用又可以附加适用的刑罚方法，是补充主刑适用的刑罚方法。对犯罪的外国人，可以独立或附加适用驱逐出境。

（三）行政责任与刑事责任的主要区别

（1）追究的违法行为不同。追究行政责任的是一般违法行为；追究刑事责任的是犯罪行为。

（2）追究责任的机关不同。追究行政责任由国家特定的行政机关依照有关法律的规定决定；追究刑事责任则由司法机关依照《刑法》的规定决定。

（3）承担法律责任的后果不同。追究刑事责任的最严厉的制裁，可以判处死刑，比追究行政责任严厉得多。

第二节　违反财经法规的法律责任

一、不依法设置会计账簿等会计违法行为的法律责任

（一）不依法设置会计账簿等会计违法行为

依据《会计法》规定，不依法设置会计账簿等会计违法行为包括：

（1）不依法设置会计账簿的行为。

（2）私设会计账簿的行为（俗称“两本账”“账外账”或“小金库”）。

（3）未按照规定填制、取得原始凭证或者填制、取得的原凭证不符合规定的行为。

（4）以未经审核的会计凭证为依据登记会计账簿或者登记会计账簿不符合规定的行为。

（5）随意变更会计处理方法的行为。

（6）向不同的会计资料使用者提供的财务会计报告编制依据不一致的行为。

（7）未按规定使用会计记录文字或者记账本位币的行为。

（8）未按照规定保管会计资料，致使会计资料毁损、灭失的行为。

（9）未按照规定建立并实施单位内部会计监督制度，或者拒绝依法实施的监督，或者不如实提供有关会计资料及情况的行为。

（10）任用会计人员不符合《会计法》规定的行为。

（二）不依法设置会计账簿等会计违法行为应承担的法律责任

根据《会计法》规定，上述各种违法行为应承担以下法律责任：

（1）责令限期改正。县级以上财政部门有权责令违法行为人限期改正，停止违法行为恢复至合法状态。

（2）罚款。县级以上人民政府财政部门根据违法行为人的违法性质、情节及危害程度，在责令其限期整改的同时，有权对单位并处 3 000 元以上 5 万元以下的罚款，对直接负责的主管人员和其他直接责任人员处 2 000 元以上 2 万元以下罚款。

（3）给予行政处分。对国家工作人员违反会计法规制度规定的行为，视情节轻重，应当由其所在单位或者其上级单位或者行政监察部门给予警告、记过、记大过、降级、降职、撤职、留用察看和开除等行政处分。

（4）不得从事会计工作。会计人员有上述所列行为之一，情节严重的，5 年内不得从事会计工作。

（5）依法追究刑事责任。有前述所列行为之一，构成犯罪的，依法追究刑事责任。

【例题 4-1・分析题】甲企业的仓库将原材料的包装箱等废弃料每月定期出售给废品回收站，每月所得的收入用以补充仓库管理部门管理费用同时解决员工福利问题。同时，该企业也默许这种做法，不将此项收入纳入企业统一的会计核算，而另设会计账簿进行核算。该企业领导认为，这种处理方法对仓库管理也是一种激励。请问甲企业及相关人员的做法是否存在违法行为？

【答案解析】（1）根据我国相关法律法规的规定，单位发生的各种经济业务事项应当在依法设置的会计账簿中统一登记核算，不得私设账簿登记核算。该企业仓库出售包装箱等废料的收入不进行统一核算，另设账簿，属于账外设账、私设“小金库”的行为，是违法的。

（2）按规定上述违法行为应由县级以上人民政府财政部门责令限期改正，可以对单位并处3 000元以上5万元以下的罚款；对其直接负责的主管人员和其他直接责任人员，可以处以2 000元以上2万元以下的罚款；属于国家工作人员的，还应当由其所在单位或者有关单位依法给予行政处分；构成犯罪的，依法追究刑事责任。

会计人员有不依法设置会计账簿等会计违法行为、情节严重的，5年内不得从事会计工作。

二、其他会计违法行为的法律责任

其他会计违法行为及其法律责任如表4-1所示。

表4-1　其他会计违法行为及其法律责任

其他违反会计法律制度的行为	应承担的法律责任
一、伪造、变造会计凭证、会计账簿，编制虚假财务会计报告	构成犯罪的，依法追究刑事责任；尚不构成犯罪的，由县级以上人民政府财政部门予以通报，可以对单位并处5 000元以上10万元以下的罚款；对其直接负责的主管人员和其他直接责任人员，可以处3 000元以上5万元以下的罚款；属于国家工作人员的，还应当由其所在单位或者有关单位依法给予撤职直至开除的行政处分；其中的会计人员，5年内不得从事会计工作
二、隐匿或者故意销毁依法应当保存的会计凭证、会计账簿、财务会计报告	构成犯罪的，依法追究刑事责任；尚不构成犯罪的，由县级以上人民政府财政部门予以通报，可以对单位并处5 000元以上10万元以下的罚款；对其直接负责的主管人员和其他直接责任人员，可以处3 000元以上5万元以下的罚款；属于国家工作人员的，还应当由其所在单位或者有关单位依法给予撤职直至开除的行政处分；其中的会计人员，5年内不得从事会计工作
三、授意、指使、强令会计机构、会计人员及其他人员伪造、变造会计凭证、会计账簿，编制虚假财务会计报告或者隐匿、故意销毁依法应当保存的会计凭证、会计账簿、财务会计报告	构成犯罪的，依法追究刑事责任；尚不构成犯罪的，可以处5 000元以上5万元以下的罚款；属于国家工作人员的，还应当由其所在单位或者有关单位依法给予降级、撤职、开除的行政处分
四、单位负责人对依法履行职责、抵制违反本法规定行为的会计人员以降级、撤职、调离工作岗位、解聘或者开除等方式实行打击报复	构成犯罪的，依法追究刑事责任；尚不构成犯罪的，由其所在单位或者有关单位依法给予行政处分。对受打击报复的会计人员，应当恢复其名誉和原有职务、级别
五、将检举人姓名和检举材料转给被检举单位和被检举人个人	由所在单位或者有关单位依法给予行政处分
六、财政部门及有关行政部门的工作人员在实施监督管理中滥用职权、玩忽职守、徇私舞弊或者泄露国家秘密、商业秘密	构成犯罪的，依法追究刑事责任；尚不构成犯罪的，依法给予行政处分

续表

其他违反会计法律制度的行为	应承担的法律责任
七、违反《会计法》同时违反《税收征收管理法》规定	（1）《税收征收管理法》规定，纳税人未按照规定设置、保管账簿或者保管记账凭证和有关资料，以及未按照规定将财务、会计制度或者财务、会计处理方法报送税务机关备查的，由税务机关责令限期改正，逾期不改正的，可以处以2 000元以下的罚款；情节严重的，处以2 000元以上1万元以下的罚款；对纳税人偷税的，由税务机关追缴其不缴或少缴的税款、滞纳金，并处不缴或少缴的税款50%以上5倍以下的罚款；构成犯罪的，追究刑事责任 （2）《刑法》规定，纳税人采取欺骗、隐瞒手段进行虚假纳税申报或者不申报，逃避缴纳税款数额较大并且占应纳税额10%以上的，处3年以下有期徒刑或者拘役，并处罚金；数额巨大并且占应纳税额30%以上的，处3年以上7年以下有期徒刑，并处罚金 扣缴义务人采取前款所列手段，不缴或者少缴已扣、已收税款，数额较大的，依照前款的规定处罚 对多次实施前两款行为，未经处理的，按照累计数额计算 有第一款行为，经税务机关依法下达追缴通知后，补缴应纳税款，缴纳滞纳金，已受行政处罚的，不予追究刑事责任；但是，5年内因逃避缴纳税款受过刑事处罚或者被税务机关给予二次以上行政处罚的除外
八、违反《会计法》，同时违反其他法律规定	由有关部门在各自职权范围内依法进行处罚。但对于同一违法当事人的同一违法行为，不得给予两次以上罚款的行政处罚

思考与练习

一、单项选择题

1．下列不属于行政处罚的是（　　）。

A．警告　　B．拘留　　C．罚款　　D．开除

2．下列属于附加刑的是（　　）。

A．拘役　　B．管制　　C．死刑　　D．罚金

3．对于伪造、变造会计凭证、会计账簿或者编制虚假财务会计报告的行为，尚不构成犯罪的，由县级以上人民政府财政部门予以通报，可以对单位并处（　　）的罚款。

A．5 000元以上10万元以下

B．2 000元以上2万元以下

C．3 000元以上5万元以下

D．5 000元以下

4. 隐匿或者故意销毁依法应当保存的会计凭证、会计账簿、财务会计报告，情节严重的应（　　）。

A. 处 5 年以下有期徒刑或拘役，并处或单处 2 万元以上 20 万元以下罚金

B. 处 3 年以下有期徒刑或拘役

C. 处 3 年以上 7 年以下有期徒刑

D. 处 5 年以上有期徒刑

5. 根据《会计法》规定，对授意、指使、强令故意销毁依法应当保存的会计凭证、会计账簿、财务会计报告，尚不构成犯罪的，县级以上财政部门视违法行为的情节轻重，对违法行为人处以罚款。所处的罚款金额最低为（　　）元。

A. 1 000　　B. 2 000　　C. 3 000　　D. 5 000

6. 对于犯有打击报复会计人员罪的单位负责人，可以处（　　）年以下有期徒刑或者拘役。

A. 2　　B. 3　　C. 4　　D. 5

7. 将检举人姓名和检举材料转给被检举单位和被检举人个人的，由所在单位或者有关单位依法给予（　　）。

A. 行政处分　　B. 行政处罚

C. 罚款　　D. 通报

8. 打击报复会计人员罪的主体是（　　）。

A. 单位职工　　B. 会计机构

C. 单位负责人　　D. 财政部门

9. 纳税人采取欺骗、隐瞒手段进行虚假纳税申报或者不申报，逃避缴纳税款数额较大并且占应纳税额（　　）以上的，处 3 年以下有期徒刑或者拘役，并处罚金。

A. 5%　　B. 10%　　C. 15%　　D. 20%

10. 某单位会计李某采用涂改手段，将金额为 300 元的购货发票改为 800 元。根据《会计法》有关规定，该行为属于（　　）。

A. 伪造会计凭证　　B. 变造会计凭证

C. 伪造会计账簿　　D. 变造会计账簿

二、案例分析题（不定项选择）

2017 年，B 公司由于经营管理和市场方面的原因，经营业绩滑坡，需向银行贷款。B 公司的主要负责人张某便要求公司财务负责人李某对该年度的财务数据进行调整，增加企业利润以助于公司改进形象。李某授意公司会计人员王某以虚做营业额、隐瞒费用和成本开支等方法调整了公司财务数据。B 公司根据调整后的财务资料，于 2017 年 10 月贷款成功。

根据上述资料，回答下列问题：

（1）张某存在的违法行为属于（　　）。

A．编制虚假财务会计报告

B．隐匿或者故意销毁依法应当保存的会计凭证

C．授意、指使会计人员编制虚假财务会计报告

D．授意、指使会计人员伪造、变造会计凭证

（2）李某和王某存在的违法行为属于（　　）。

A．伪造会计凭证

B．编制虚假财务会计报告

C．隐匿会计账簿

D．私设会计账簿的行为

（3）张某应受到的惩罚包括（　　）。

A．构成犯罪的，司法机关应依法追究其刑事责任

B．尚不构成犯罪的，可以处 5 000 元以上 5 万元以下的罚款

C．尚不构成犯罪的，处 2 000 元以上 2 万元以下罚款

D．属于国家工作人员的，由所在单位或者有关单位依法给予降级、撤职、开除的行政处分

（4）李某和王某应受的惩罚包括（　　）。

A．不构成犯罪的，由县级以上人民政府财政部门予以通报，可以处 3 000 元以上 5 万元以下的罚款

B．由县级以上人民政府财政部门予以通报，可以对单位并处 5 000 元以上 10 万元以下的罚款

C．属于国家工作人员的，还应由其所在单位或者有关单位依法给予撤职直至开除的行政处分

D．作为会计人员，情节严重的，5 年内不得从事会计工作

第五章　会计职业道德

【引　　言】

会计职业道德是指在会计职业活动中应当遵守的、体现会计职业特征的、调整会计职业关系的职业行为准则和规范。它是会计人员进行会计活动、处理会计关系所形成的职业规律、职业观念和职业原则的行为规范的总和。本章我们就会计职业道德，会计职业道德规范的主要内容，会计职业道德教育、修养和建设等知识进行学习。

【学习目标】

- ◎ 了解职业道德与会计职业道德的概念、会计职业道德的功能，掌握会计职业道德与会计法律制度的关系和区别等。
- ◎ 熟悉会计职业道德规范的主要内容及其各自的概念和基本要求，自觉遵守会计职业道德规范。
- ◎ 了解会计职业道德教育的概念、内容和途径。
- ◎ 了解会计职业道德修养的概念、环节和方法。
- ◎ 了解会计职业道德建设的组织和实施，为会计职业道德建设贡献力量。

第一节　会计职业道德概述

一、职业道德与会计职业道德的概念

（一）职业道德的概念

职业道德，就是与人们的职业活动紧密联系的符合职业特点要求的道德准则、道德情操与道德品质的总和。它既是本行业人员在职业活动中的行为规范，又是行业对社会所负的道德责任和义务。不同职业的人员在特定的职业活动中形成了特殊的职业关系、职业利益、职业活动范围和方式，由此形成了不同职业人员的道德规范。

（二）会计职业道德的概念

会计职业道德是指在会计职业活动中应当遵守的、体现会计职业特征的、调整会计职业关系的职业行为准则和规范。它是会计人员进行会计活动、处理会计关系所形成的职业

规律、职业观念和职业原则的行为规范的总和。

二、会计职业道德的功能

会计职业道德有以下三个方面的功能：指导功能、评价功能和教化功能。

（一）指导功能

指导功能，即指导会计人员行为的功能。会计职业道德是职业行为准则和规范，它为会计的行为动机提出了相应的要求，如诚实守信、客观公正等，因此会计职业道德可以引导、规劝、约束会计人员树立正确的职业观念，建立良好的职业品行，从而达到规范会计行为的目的。

（二）评价功能

评价功能，即根据一定的道德标准对会计人员的行为进行评价的功能。会计职业道德可以评价会计人员的工作，具有评价功能。在现实工作中，会计人员的很多行为很难由法律作出规定。会计法律只能对会计人员不得违法的行为作出规定，不宜对他们如何爱岗敬业、诚实守信、提高技能等提出具体要求，但如果会计人员缺乏爱岗敬业的热情和态度，缺乏诚实守信的做人准则，没有必要的职业技能，则很难保证会计信息达到真实、完整的法定要求。会计职业道德恰好从职业道德的角度形成其他会计法律制度的有益补充，对会计人员的职业道德行为给予评价。

（三）教化功能

会计职业道德既有道德的一般特征，即自觉性的一面，侧重于倡导会计从业人员应自觉遵循的职业行为，同时，又有强制性的一面，即会计职业道德的许多内容都直接纳入了会计法律制度，侧重于防范会计人员的不正当的职业行为，通常采用政府或社会组织的限制性或禁止性条款的形式，要求人们“必须这样或那样做”。如《会计法》《会计基础工作规范》等都规定了会计职业道德的内容和要求，对会计人员的行为有明确的规定和要求。因此，会计职业道德对于会计人员的行为有教化功能。

可见，会计职业道德作为一种良性调整会计职业关系和改造会计人员品质的方式，调整面宽，作用面广，这是行政命令和会计法律制度所不及的。

【例题 5-1 · 判断题】会计职业道德提供了会计人员行为的模式，表达了社会对会计人员行为的期望和要求，会转化为会计人员的自觉行为。（　　）

【正确答案】错

【答案解析】“转化为”的前提是“被会计人员所认同”。

三、会计职业道德与会计法律制度

（一）会计职业道德与会计法律制度的关系

会计职业道德与会计法律制度有着共同的目标、相同的调整对象，承担着同样的职责，两者关系密切，主要表现在：

（1）内容上相互渗透、相互重叠。会计法律制度中含有会计职业道德规范的内容，会计职业道德规范中也包含会计法律制度的某些条款。两者在目标、调整对象和职责上具有同一性。

（2）作用上相互补充、协调。基本的会计行为必须运用会计法律制度强制遵守，但不需要或不宜用会计法律制度进行规范的行为，可通过会计职业道德规范来实现。

（3）在地位上相互转化、相互吸收。最初的会计职业道德逐渐被吸收到会计法律制度中，会计法律制度是会计职业道德的最低要求。

（4）在实施过程中相互作用、相互促进。会计职业道德是会计法律制度正常运行的社会基础和思想基础，会计法律制度是促进会计职业道德规范形成和遵守的制度保障。

（二）会计职业道德与会计法律制度的区别

（1）性质不同。会计法律制度通过国家机器强制执行，具有很强的他律性。会计职业道德主要依靠会计人员的自觉性，以及依靠社会舆论和良心来实现，具有很强的自律性。

（2）作用范围不同。会计法律制度侧重于调整会计人员的外在行为和结果的合法化，具有较强的客观性。会计职业道德不仅要求调整会计人员的外在行为，还要调整会计人员内在的精神世界，具有较强的主观性。违反职业道德的行为，不一定违反会计法律制度；受到会计法律制裁的，一般都会受到道德的谴责。

（3）表现方法不同。会计法律制度是通过一定的程序由国家立法机关或行政管理机关制定的，其表现形式是用具体、正式的文字明确规定的法令、条例，带有明显的强制性。而会计职业道德出自会计人员的职业生活和职业实践，其表现形式既有明确的成文规定，也有不成文的规范，存在于人们的意识和信念之中，并无具体的表现形式。它依靠社会舆论和道德教育、传统习俗和道德评价来实现。

（4）实施保障机制不同。会计法律制度由国家强制力保障实施。会计职业道德既有国家法律的相应要求，又需要会计人员的自觉遵守，缺乏权威机构保障对裁定的执行。

（三）会计行为的法治与德治

法律和道德作为上层建筑的组成部分，都是维护社会秩序、规范人们思想和行为的重要手段，它们相互联系、相互补充。我们要把法制建设与道德建设紧密结合起来，把依法治国与以德治国紧密结合起来。我们在强调法制的主导作用外，也绝不能忽视道德的力量，要注重德治在维系社会政治、经济秩序中的重要作用。“守法为德”成为现代道德的最本质的价值规定，表明了当代社会以德治国的基本定位。

会计行为的规范化不仅要以会计法律、法规作保证，还要依赖会计人员的道德信念、道德品质来实现。近年来，社会上出现的会计造假案件，既是严重的违法行为，也是会计职业道德失范的突出表现。要从根本上有效治理假账问题，规范会计行为，必须要把依法治理与以德治理紧密结合起来。会计职业道德准则只有转化为人们的内在信念和内在品质，才能在会计行为中真正扎下根，达到治本的目的。因此，我们在规范会计行为、维护社会主义市场经济秩序的过程中，既要坚持不懈地加强会计法制建设，依法规范会计行为，同时也要坚持不懈地加强会计职业道德建设，以德治理会计行为。

第二节　会计职业道德规范的主要内容

会计职业道德规范是指从事会计职业的人们在共同的职业兴趣、爱好、习惯、心理基础上形成的思想和行为方面的道德规范，如会计的职业责任、职业纪律等。会计职业道德规范贯穿于会计工作的所有领域和整个过程，着重点在于调整会计领域人与人之间、人与社会之间的关系，它的实现依靠人们内心的观念、惯例、传统、社会教育及舆论的压力。

我国会计职业道德行为规范的主要内容包括：爱岗敬业、诚实守信、廉洁自律、客观公正、坚持准则、提高技能、参加管理与强化服务。

一、爱岗敬业

（一）爱岗敬业的概念

爱岗敬业，就是要求会计人员热爱会计工作，安心于本职岗位，忠于职守，尽心尽力，尽职尽责。

爱岗就是会计人员应该热爱自己的本职工作，安心于本职岗位，恪尽职守地做好本职工作。敬业就是会计人员应该充分认识本职工作在社会经济活动中的地位和作用，认识本职工作的社会意义和道德价值，具有会计职业的荣誉感和自豪感，在职业活动中具有高度的劳动热情和创造性，以强烈的事业心、责任感从事会计工作。

爱岗敬业是爱岗与敬业的总称。爱岗和敬业互为前提，相互支持，相辅相成。爱岗是敬业的基石，敬业是爱岗的升华。

（二）爱岗敬业的基本要求

1. 热爱会计工作，敬重会计职业

如果做了会计，就要热爱会计工作，正确认识会计职业，树立爱岗敬业的精神。

2. 严肃认真，一丝不苟

从业者要将严肃认真、一丝不苟的职业作风贯穿于会计工作的始终。对一些损失浪费、违法乱纪的行为和一切不合法、不合理的业务开支，都要严肃认真地对待，起到把关守口的作用。

3. 忠于职守，尽职尽责

忠于职守不仅要求会计人员认真地执行岗位规范，而且要求会计人员在各种复杂的情况下，能够抵制各种诱惑，忠实地履行岗位职责。尽职尽责具体表现为会计人员对自己应承担的责任和义务所表现出的一种责任感和义务感，这种责任感和义务感包含两方面内容：一是社会或他人为会计人员规定的责任；二是会计人员对社会或他人所负的道义责任。

在现代经济生活中，会计职业因其所处的环境具有特殊性，不同的岗位要求承担的责任和义务不尽相同：

（1）单位会计人员不仅要客观真实地记录反映服务主体的经济活动状况，负责其资金的有效运作，积极参与经营和决策，而且还应抵制不正当的开支，防止有人侵占单位资产，保护财产安全、完整。

（2）注册会计师接受委托为委托者提供审计、鉴证或咨询服务，要维护委托人的权益，保守商业秘密，依法出具审计报告。

（3）在对单位（或雇主）的忠诚与国家及社会公众利益发生冲突时，会计人员应该忠实于国家、忠实于社会公众，承担起维护国家和社会公众利益的责任。

注册会计师不仅要对委托人负责，更应对广大的信息使用者负责，对被审计单位的财务状况和经营成果作出客观、公允的审计报告。

二、诚实守信

（一）诚实守信的概念

诚实守信，就是要求会计人员做老实人，说老实话，办老实事，执业谨慎，信誉至上，不为利益所诱惑，不弄虚作假，不泄露秘密。

诚实，是指言行跟内心思想一致，不弄虚作假，不欺上瞒下，做老实人，说老实话，办老实事。守信，就是遵守自己所作出的承诺，讲信用，重信用，信守诺言，保守秘密。诚实守信要求会计人员在职业活动中讲求信用，保守秘密，对实际发生的经济业务进行真实、完整的会计核算。诚实守信是会计职业活动和职业道德的精髓。

（二）诚实守信的基本要求

1. 做老实人，说老实话，办老实事，不搞虚假

会计人员应言行一致，实事求是，正确核算，尽量减少和避免各种失误；不得为了个人和小集团利益，伪造账目，弄虚作假，损害国家和社会公众利益。

2. 实事求是，如实反映

《会计法》规定，各单位必须根据实际发生的经济业务事项，进行会计核算，填制会计凭证，登记会计账簿，编制会计报告。会计人员只有根据实际发生的经济业务事项，真实正确地记录，如实反映单位经济业务活动情况，才能实现会计核算、监督的真正内涵。

3. 保守秘密，不为利益所诱惑

会计人员应依法保守单位秘密，这也是诚实守信的具体体现。秘密主要有国家秘密、商业秘密和个人隐私三类。

4. 执业谨慎，信誉至上

诚实守信，要求注册会计师在执业中始终保持应有的谨慎态度，对客户和社会公众尽职尽责，形成“守信光荣、失信可耻”的氛围，以维护职业信誉。

（1）注册会计师在选择客户时应谨慎，不要一味地追求营业收入，迎合客户不正当要求，接受违背职业道德的附加条件。

（2）注意评估自身的业务能力，正确判断自身的知识、经验和专业能力能否胜任所承担的委托业务。

（3）严格按照独立审计准则和执业规范、程序实施审计，对审计过程中发现的违反国家统一的会计制度及国家相关法律制度的经济业务事项，应当按照规定在审计报告中予以充分反映。

（4）在接受委托业务后，应积极完成所委托的业务，认真履行合同，维护委托人的合法权益，不得擅自终止合同、解除委托，不得超出委托人委托范围从事活动，以免当事人的利益受到损害。

三、廉洁自律

（一）廉洁自律的概念

廉洁是指不收受贿赂、不贪污钱财，保持清白，做到“常在河边走，就是不湿鞋”。自律是指自我约束、自我控制、自觉地抵制自己的不良欲望。廉洁自律，就是要求会计人员公私分明、不贪不占、遵纪守法、清正廉洁。

廉洁是自律的基础，自律是廉洁的保证。廉洁自律是会计职业道德的前提，这既是会计职业道德的内在要求，也是会计职业声誉的“试金石”。

（二）廉洁自律的基本要求

1. 树立正确的人生观和价值观

会计人员必须加强世界观的改造，树立正确的人生观和价值观，加强自身的道德修养，

这是廉洁自律的基础。

2．公私分明，不贪不占

公私分明，是指严格划分公私界限。不贪不占，是指会计人员不贪、不占、不收礼、不同流合污。

四、客观公正

（一）客观公正的概念

客观公正，就是要求会计人员端正态度，依法办事，实事求是，不偏不倚，保持应有的独立性。

客观是指按事物的本来面目去反映，不掺杂个人的主观意愿，也不为他人意见所左右，既不夸大，也不缩小。对于会计职业和会计工作而言，客观主要包括以下两层含义：一是真实性，即以客观事实为依据，真实地记录和反映实际经济业务事项；二是可靠性，即会计核算要准确，记录要可靠，凭证要合法。

公正就是公平正直，没有偏失，但不是中庸。对于会计职业和会计工作而言，公正主要包括以下三层含义：一是国家的会计准则、制度要公正。任何一个主体都能平等地运用会计准则、制度，而不会因某一特定主体的运用较其他主体的运用获得更大的优势。二是执行会计准则、制度的人，即公司、企业单位管理层和会计人员应公正地开展会计核算和会计监督工作，即在履行会计职能时，公平公正、不偏不倚地对待相关利益各方。三是注册会计师在进行审计鉴证时应以超然独立的姿态，进行公平公正的判断和评价，出具客观适当的审计意见。

客观是公正的基础，公正是客观的反映。要达到公正，仅仅做到客观是不够的。公正不仅仅是指诚实、真实、可靠，还包括在真实、可靠中作出公正选择。

诚实守信和客观公正存在交叉点，但诚实守信强调不弄虚作假，而客观公正则侧重于在客观真实的基础上作出公平合理的判断。

（二）客观公正的基本要求

1．依法办事

依法办事是会计工作保证客观公正的前提。会计人员记账、算账、报账和进行财产清查，需要熟悉并依据《会计法》《企业会计准则》《企业会计制度》等法律、法规和制度进行业务处理；注册会计师开展独立审计时，应依据《会计法》《注册会计师法》《中国注册会计师独立审计准则》等法律、法规的规定实施审计活动。总之，只有熟练掌握并严格遵守会计法律、法规，才能客观公正地处理会计业务。

2．实事求是，不偏不倚

客观公正贯穿于会计活动的整个过程。首先，会计核算过程的客观公正，即会计人员在具体进行业务处理时，或需要进行职业判断时，应保持客观公正的态度，实事求是，不偏不倚。其次，最终结果公正，即会计人员对经济业务的处理结果是公正的。

3．保持独立性

会计人员对会计业务的处理，对会计政策和会计方法的选择，以及对财务会计报告的编制、披露和评价必须独立进行职业判断，做到客观、公平、理智、诚实。

注册会计师保持其独立性应当做到以下两点：一是注册会计师应当回避可能影响独立性的审计事项，实现形式上的独立。具体是指注册会计师必须与被审计企业或个人没有任何特殊的利益关系。二是注册会计师应当恪守职业道德，保持实质上的独立。实质上的独立就是要求注册会计师能在审计过程中始终保持不偏不倚的态度。

五、坚持准则

（一）坚持准则的概念

坚持准则，就是要求会计人员熟悉国家法律、法规和国家统一的会计制度，始终坚持按法律、法规和国家统一的会计制度的要求进行会计核算，实施会计监督，不为主观或他人意志左右。这里所说的准则，不仅指会计准则，还包括会计法律、国家统一的会计制度以及与会计工作相关的法律制度。

会计人员在发生道德冲突时，应坚持准则，以维护国家利益、社会公众利益和正常的经济秩序。注册会计师在进行审计业务时，应严格按照独立审计准则的有关要求和国家统一会计制度的规定，出具客观公正的审计报告。

（二）坚持准则的基本要求

1．熟悉准则

熟悉准则是指会计人员应了解和掌握《会计法》和国家统一的会计制度及与会计相关的法律制度。这是遵循准则、坚持准则的前提。只有熟悉准则，才能按准则办事，才能遵纪守法，才能保证会计信息的真实性、完整性。

2．遵循准则

遵循准则即执行准则。会计人员在会计核算和监督时要自觉地严格遵守各项准则、自律在先，同时也要求他人遵守准则，将单位具体的经济业务事项和经济行为与国家统一的

会计制度相对照，先作出是否合法合规的判断，对不合法的经济业务不予受理。

3．坚持准则

在企业的经营活动中，国家利益、集体利益与单位、部门以及个人利益时常发生冲突。会计人员坚持准则，这不仅是对法律负责，对国家、社会公众负责，也是对单位负责人负责。

【例题 5-2·简答题】某公司财务部门年末时发现，该年度业务招待费超过规定的开支标准。于是，会计人员按照领导的意图，找来一些假发票，准备将超支的业务招待费列入管理费用的其他项目。这种做法违背了哪些会计职业道德规范？

【答案解析】这种做法违背了“客观公正”“坚持准则”的会计职业道德规范。客观公正要求会计人员端正态度，依法办事，实事求是，不偏不倚，保持应有的独立性。坚持准则要求会计人员熟悉国家法律、法规和国家统一的会计制度，始终坚持按法律、法规和国家统一的会计制度的要求进行会计核算，实施会计监督，不为主观或他人意志左右。这里所说的准则，不仅指会计准则，还包括会计法律、国家统一的会计制度以及与会计工作相关的法律制度。

六、提高技能

（一）提高技能的概念

提高技能是指会计人员通过学习、培训和实践等途径，持续提高会计职业技能，以达到和维持足够的专业胜任能力的活动。

会计职业技能包括会计理论水平、会计实务能力、职业判断能力、沟通交流能力及职业经验等。不同岗位、不同级次的会计人员有不同的技能要求。

（二）提高技能的基本要求

1．要有不断提高会计专业技能的意识和愿望

会计人员只有具备不断提高会计专业技能的意识和愿望，才能不断进取，才会主动地求职、求学，勤学苦练，追求精益求精，从而使自身的专业技能不断提高，使自己的知识不断更新，从而掌握过硬的本领，在会计人才的竞争中立于不败之地。

2．要有勤学苦练的精神和科学的学习方法

会计人员只有具有锲而不舍的“勤学”精神，才能不断提高自己的业务水平、理论水平、操作技能和职业判断能力，才能推动会计工作和会计职业的发展，以适应不断变化的新形势和新情况的需要。同时，要掌握科学的学习方法，必须积极参加社会实践活动，在实践中不断锤炼，不断提高自己的职业技能和业务水平。

谦虚好学、刻骨钻研、锲而不舍，是练就高超的专业技术和过硬本领的唯一途径，也

是衡量会计人员职业道德水准高低的重要标志之一。

七、参与管理

（一）参与管理的概念

参与管理，就是要求会计人员在做好本职工作的同时，努力钻研相关业务，全面熟悉本单位的经营活动和业务流程，主动提出合理化建议，协助领导决策，积极参与管理。

（二）参与管理的基本要求

1．努力钻研业务，熟悉财经法规和相关制度，提高业务技能，为参与管理打下基础

娴熟的业务、精湛的技能是会计人员参与管理的前提。会计人员只有努力钻研业务，不断提高业务技能，深刻领会财经法规和相关制度，才能有效地参与管理；会计人员只有业务娴熟，并具有精湛的技能，才能更好地参与管理，为改善经营管理、提高经济效益服务。

2．熟悉服务对象的经营活动和业务流程，使参与管理的决策更具针对性和有效性

会计人员应当熟悉本单位的生产经营、业务流程和管理情况，掌握单位的生产经营能力、技术设备条件、产品市场及资源状况等情况，结合财会工作的综合信息优势，积极参与预测。根据预测情况，运用专门的财务会计方法，从生产、销售、成本、利润等方面有针对性地拟订可行性方案，参与优化决策。对计划、预算的执行，要充分利用会计工作的优势，积极协助，参与监控，为改善单位内部管理、提高经济效益服务。

八、强化服务

（一）强化服务的概念

强化服务，就是要求会计人员树立服务意识，提高服务质量，努力维护和提升会计职业的良好社会形象。

强化服务的关键是提高服务质量。单位会计人员和注册会计师的服务内容各有侧重，其服务效果的表现也不同。

（1）强化单位会计人员的服务就是真实、客观地记账、算账和报账，积极主动地向上级领导者反映经营活动情况和存在的问题，提出合理化建议，协助领导决策，参与经营管理活动。

（2）强化注册会计师的服务就是以客观、公正的态度正确评价委托单位的经济财务状况，为社会公众及信息使用者提供服务。

（二）强化服务的基本要求

1. 强化服务意识

会计人员要树立强烈的服务意识，不论是为经济主体服务，还是为社会公众服务，都要摆正自己的工作位置。只有树立了强烈的服务意识，才能做好会计工作，履行会计职能，为单位和社会经济发展作出应有的贡献。

2. 提高服务质量

强化服务的关键是提高服务质量。单位会计人员的服务质量表现在：是否真实地记录单位的经济活动，向有关方面提供可靠的会计信息：是否积极主动地向单位领导反映经营活动情况和存在的问题，提出合理化建议，协助领导决策，参与经营管理活动。注册会计师的服务质量表现在：是否以客观、公正的态度正确评价委托单位的财务状况、经营成果，出具恰当的审计报告，为社会公众及信息使用者做好服务。

需要注意的是，在会计工作中提供质量上乘的服务质量，并非无原则地满足服务主体的需要，而是在坚持原则、坚持会计准则的基础上尽量满足用户或服务主体的需要。服务不仅要文明，还要讲质量，更要不断创新。

【例题 5-3・分析题】会计人员李某从事会计工作六年来，先后在出纳、工资核算、稽核和会计档案管理等岗位上工作过。每到一个岗位，李某都能勤勤恳恳、任劳任怨、尽心尽力地工作。为此，他经常受到单位领导的表扬。会计人员李某遵守了何种会计职业道德规范？

【答案解析】李某遵守了“爱岗敬业”这一会计职业首先规范。“爱岗敬业”要求会计人员要树立“干一行爱一行”的职业思想，安心工作，任劳任怨，忠于职守，尽心尽力。很显然，李某的行为符合“爱岗敬业”这一会计职业道德规范的要求。

第三节 会计职业道德教育、修养与建设

一、会计职业道德教育

（一）会计职业道德教育的概念

会计职业道德教育是指为了促使会计人员正确履行会计职能，而对其实施有目的、有计划、有组织、有系统的道德教育活动。它是使外在的会计职业道德规范转化为会计人员内在品质和行为的积极有效的途径。

会计职业道德教育的主要任务是帮助和引导会计人员培养会计职业道德情感，树立会计职业道德信念，遵守会计职业道德规范，使会计人员懂得什么可以为、什么可以不为、

什么必须为、什么必须不为。

（二）会计职业道德教育的内容

会计职业道德教育涵盖的内容很丰富，其中最为重要的是观念教育、规范教育和警示教育。

1．职业道德观念教育

普及会计职业道德基础知识，是会计职业道德教育的基础，也是重要的一环。职业道德观念教育应广泛宣传会计职业道德基本常识，使广大会计人员懂得什么是会计职业道德，它对社会经济秩序、会计信息质量有何重要影响；懂得一旦违反会计职业道德，除了受到良心和道义上的谴责外，还会受到行业惩戒和处罚。把会计职业道德教育同社会教育、学校教育、家庭教育结合起来。采取广播电视、报纸杂志等媒介普及会计职业道德知识，形成会计人员遵守职业道德光荣、违反职业道德可耻的社会氛围。

2．职业道德规范教育

职业道德规范教育是指对会计人员开展以会计职业道德规范为内容的教育。会计职业道德规范的主要内容是爱岗敬业、诚实守信、廉洁自律、客观公正、坚持准则、提高技能、参与管理和强化服务等。这是会计职业道德教育的核心内容，涵盖的内容非常广泛，应贯穿于会计职业道德教育的始终。

3．职业道德警示教育

职业道德警示教育是指通过对违反会计职业道德行为和违反会计法律行为的典型案例进行剖析和讨论，给会计人员以启示和警示，从而使其增强法律意识和会计职业道德意识，增强辨别是非的能力，使每个会计人员真正做到一身正气、一尘不染、一心为公、一生奉献。

4．其他与会计职业道德相关的教育

其他与会计职业道德相关的教育包括形势教育、品德教育、法制教育等。通过这些教育形式，会计人员可以了解国家政治、经济、科技发展形势，把握会计工作和理论发展趋势，以增强职业责任感和社会责任感。

（三）会计职业道德教育的途径

会计职业道德教育的途径是多种多样的，要根据会计道德本身的特点和教育对象的实际情况来确定。会计职业道德教育的途径有接受教育和自我教育两种。

所谓接受教育，是指通过学校或培训单位对会计人员进行以职业责任、职业义务为核心内容的正面灌输，以规范其职业行为，维护国家和社会公众利益的教育，如岗前和岗位职业道德教育。所谓自我教育，是指会计人员进行自我学习、自身道德修养的行为活动。

1. 岗前职业道德教育

岗前职业道德教育是指对将要从事会计职业的人员进行的道德教育。它主要是指会计专业学历教育。教育的侧重点应放在职业观念、职业情感及规范等方面。

《公民道德建设实施纲要》中指出："学校是进行系统道德教育的重要阵地。各级各类学校必须认真贯彻党的教育方针，全面推进素质教育。"在我国，大专院校是培养各类专门人才的基地，其会计类专业就读的学生，是会计队伍的预备人员，他们当中大部分将进入会计队伍，从事会计工作。接受会计学历教育的阶段是他们的会计职业情感、道德观念和是非善恶判断标准初步形成的时期，所以会计专业类大专院校是会计职业道德教育的重要阵地，是会计人员岗前道德教育的主要场所，在会计职业道德教育中具有基础性地位。我国每年有很多大中专毕业生进入会计队伍的行列。为保证进入会计队伍的新鲜血液具有良好的职业道德观念，会计职业道德教育必须从会计学历教育抓起。

2. 岗位职业道德继续教育

岗位职业道德继续教育是对已进入会计职业的会计人员进行的继续教育。会计人员继续教育是强化会计职业道德教育的有效形式。

会计职业道德教育贯穿于整个会计人员继续教育的始终。在职业道德继续教育中应体现出社会经济的发展变化对道德的要求，也即在不同的阶段，道德教育的侧重点有所不同。就现阶段而言，会计人员继续教育中的会计职业道德教育目标是适应新的市场经济形势的发展变化，在不断更新、补充、拓展会计人员业务能力的同时，使其政治素质、职业道德水平不断提高。具体包括以下内容：

（1）形势教育。形势教育的重点是要贯彻"以德治国"重要思想和"诚信为本，操守为重，坚持准则，不做假账"的指示精神，进一步全面、系统地加强会计职业道德培训，提高广大会计人员的政治水平和思想道德意识。

（2）品德教育。品德教育的重点是引导会计人员自觉地用会计职业道德规范指导和约束自身的行为，提高职业道德自律能力，最终形成良好的、稳定的道德品行。

（3）法制教育。法制教育的重点是引导会计人员熟悉并了解不同历史时期的会计法律法规政策，学会运用法律手段处理会计事务。

3. 自我教育

自我教育是相对于接受教育而言的，是一种自我学习、自身道德修养的行为活动。著名教育家叶圣陶所说的"教育的目的就是为了不教育"，也就是实现由接受教育到自我教育的过程。接受教育是教育的外在教育，自我教育是教育的内在教育。把外在的会计职业道德的内容要求，逐步转变为会计人员内在的会计职业道德认识、会计职业道德情感、会计职业道德意志和会计职业道德信念，要通过内在的自我教育才能实现。要大力提倡和引导会计人员开展自我教育，在社会实践中不断地加强职业道德修养，养成良好的道德行为，从而实现道德境界的升华。

二、会计职业道德修养

（一）会计职业道德修养的概念

会计职业道德修养是指会计人员在会计职业活动中，按照会计职业道德的基本要求，在自身道德品质方面进行自我教育、自我改造、自我锻炼、自我提高，从而达到一定的职业道德境界。

（二）会计职业道德修养的环节

根据会计人员的特点，会计职业道德修养的基本环节具体包括道德认知、道德情感、道德信念、道德行为等方面的修养。这四个环节相互联系，不可或缺，形成一个完整的修养过程。

1. 形成正确的会计职业道德认知

会计职业道德认知是指对会计职业道德的行为、准则及其意义的理解和掌握。它包含两个方面：第一，对会计职业道德规范和概念的掌握；第二，对会计职业道德判断能力的提高。

会计职业道德规范并不是哪一个人随心所欲想出来的，它是在会计职业实践中不断总结、不断探索而提炼和概括出来的，是会计职业生活的一种客观要求。要全面提高对会计职业道德的认知，就必须学习有关的职业道德知识，正确理解和掌握会计职业道德规范、道德理想和道德品质的基本内容，在懂得为什么要那样去做、怎样才能做好的基础上，提高自己选择行为和识别善恶的能力，增强履行职责和道德义务的自觉性。

会计人员提高对会计职业道德的认知，是进行会计职业道德修养的起点。没有一定的会计职业道德认知，就不可能形成会计职业道德的行为和习惯，会计职业道德修养也将无法自觉地进行下去。

会计人员要自觉抵制市场经济条件下各种腐朽思想和不良风气的诱惑，自觉遵守会计职业道德的原则和规范。

2. 培养高尚的会计职业道德情感

会计职业道德情感是指会计人员基于一定的道德认识，在处理职业活动中的各种道德关系和道德行为时所产生的情绪体验。职业道德情感是人的一种高级情感，是伴随着人们职业道德认识的提高而产生和发展的，对道德行为起着巨大的调节作用。我们平时所说的职业自豪感、荣誉感、责任感和幸福感等，都是职业道德情感。若缺乏高尚的职业道德情感，就不可能形成优良的职业道德品质。

会计职业道德情感的培养，主要取决于会计人员对本职工作热爱的程度。会计人员只有把个人从事的职业和整个社会经济建设事业联系起来，才会看到会计这一职业的重要性和社会价值，从而感受到会计职业的光荣，认识到会计是一个美好的职业，树立起热爱会

计、献身会计事业的崇高理想。

3．树立坚定的会计职业道德信念

道德信念是指个人认为自己一定要遵循的，在人的意识中根深蒂固的道德观念和道德规范。它使个人对某种道德义务的正确性真诚信服并怀有强烈的责任感，从而有意识地表现为某种道德行为。由于道德信念往往以动机的形式使人的道德行为表现为坚定性和一贯性，成为道德品质形成的关键性因素，因此它是职业道德修养的核心内容。

会计职业道德信念是指会计人员对会计职业的道德义务具有的强烈责任感和对会计职业的理想目标的坚定信仰。会计职业道德信念的树立，离不开会计人员在职业实践中深刻的道德认知、炽热的道德情感，这是形成会计职业道德信念的基础和保障。一个会计人员一旦确立起坚定的会计职业道德信念，必然会对自己的职业充满感情，十分热爱；必然会自觉地按照职业道德规范的要求，忠实地履行自己的义务，以坚韧不拔的毅力维护财经纪律，努力做好本职工作。

4．养成良好的会计职业道德行为

会计职业道德认知、道德情感、道德信念的修养，在会计职业道德修养的过程中，都属于道德意识修养的范围。会计职业道德的修养不仅包括道德意识方面的修养，也包括道德行为方面的修养。在道德修养中，要重视道德行为的培养。

会计职业道德行为是指会计人员在会计职业道德规范的调节下所采取的行为。当这些行为反复持久、习以为常以后，就会形成职业习惯。职业习惯是一种不需要任何监督的自觉行为，这种自觉行为并不是自发产生的，而是要通过职业道德修养才能养成。因此，会计人员在职业道德修养中，要特别注意培养自己的良好职业习惯。

（三）会计职业道德修养的方法

道德修养的具体方法可以是多种多样的。根据职业道德品德形成和发展规律的要求，以及优秀人物成长的经验，提高会计职业道德修养应综合运用以下几种具体方法。

1．不断地进行“内省”（即自省）

要求会计人员在进行道德修养时一定要认真、自觉、主动遵循会计职业道德标准进行内省，结合工作实际，经常反省、检查、剖析自己。

2．提倡“慎独”精神

慎独是加强会计职业道德修养的优良传统方法。即一个人在单独处事、无人监督的情况下，也应该自觉地按照道德准则去办事，不做任何对国家、社会、对他人不道德的事情。“慎独”是检验会计人员道德水平高低的“试金石”。慎独既是一种道德修养方法，也是一种很高的道德境界。

慎独的前提是坚定的职业信念和职业品德，它是道德内在约束力作用的结果，突出地表现了道德的自律作用。

3. 虚心向先进人物学习

在自我修养的过程中，学习先进人物的优良品质是一个很重要的方法。因为会计职业道德在先进会计工作者身上得到了较为完善的体现。他们具有强大的示范和带动作用，特别是对树立良好的职业道德风尚、陶冶优良的职业道德品质具有“熔炉”般的巨大作用。

向先进人物学习，首先要熟悉、了解他们的动人事迹和美好形象，从感情上受到感染，引起共鸣，激发学习的决心和力量；其次，要以他们的言行为镜子，对照自己找差距，激励自己向更高的思想境界攀登；最后，要把学习先进人物的事迹落实到自己的具体行动中。

【例题 5-4・分析题】某企业在讨论会计职业道德修养问题时，会计小陈认为会计职业道德修养是一种自我道德完善，与社会实践无关。小陈的观点是否正确？

【答案解析】小陈的观点不正确。会计职业道德修养，是道德品质和思想素质方面的自我锻炼，更是在社会实践中的自我锻炼。在会计职业活动中，会计人员会遇到各种利益关系和人际关系的协调处理，这就需要加强意志的修养；在会计职业活动中，会计人员还会遇到现实的义利关系、理欲关系，要抵制社会各种不良风气和错误思潮的侵袭，就需要加强品质的修养；在会计职业活动中，会计人员为了更好地与职业对象打交道，还要注意自身形象的塑造。总之，会计职业道德修养一刻也离不开社会实践，只有在社会实践中不断磨炼，才能不断提高会计职业道德修养。

三、会计职业道德建设

会计职业道德建设是一项复杂的系统工程，要抓好会计职业道德建设，关键在于加强与改善会计职业道德建设的组织和领导，使各项有力措施得到切实贯彻和实施。各级财政部门、会计职业团体、机关和企事业单位要充分认识到加强会计职业道德建设对于促进社会经济健康发展的重要意义，积极探索会计职业道德建设组织与实施的制度和机制，齐抓共管，保证会计职业道德建设的各项任务与要求的切实贯彻和实施。

（一）财经部门的组织推动

会计职业道德建设是会计管理工作的重要组成部分，作为管理会计工作的各级财政部门应当将会计职业道德建设纳入重要议事日程，负起组织和推动本地区会计职业道德建设的责任，要深入实际，调查研究，了解新情况，分析新问题，及时发现、总结和推广会计职业道德建设的新经验，在内容、形式、方法、手段和机制等方面积极创新，与时俱进，探索新的有效途径和实践形式。

会计管理工作者要以高度的责任感和事业心，适应新时期的要求，努力学习会计法律知识，不断提高自身的政策理论水平和服务质量，在工作中应求真务实，依法办事，廉洁奉公，勤政为民，率先垂范，以身作则，树立良好的会计职业道德风尚。

各级财政部门要把会计职业道德建设与会计法制建设紧密结合起来。在认真宣传贯彻《会计法》和国家统一的会计制度的同时，加大执法力度，严厉打击违法会计行为，维护国家和社会公众利益，维护正常经济秩序，为会计职业道德建设提供强有力的法律支持和政策保障。

新《会计法》第四章第39条明确规定："会计人员应当遵守职业道德，提高业务素质。对会计人员的教育和培训工作应当加强。"各级财政部门应当根据最新会计法律制度，积极探索将会计职业道德建设与会计从业人员管理相结合的机制，逐步完善会计从业人员的资格准入、考核、奖惩、培训、退出等制度，同时通过会计人员的继续教育及会计证的发证、注册、年检等手段，建立会计从业人员诚信档案，使会计人员了解和掌握会计职业道德的主要内容。

（二）会计职业组织的行业自律

对会计职业道德情况的检查，除了依靠政府监管外，行业自律也是一种重要手段。会计行业自律是一个群体概念，是会计职业组织对整个会计职业的会计行为进行自我约束、自我控制的过程。会计职业组织起着联系会员与政府的桥梁作用，应充分发挥协会等会计职业组织的作用，改革和完善会计职业组织自律机制，有效发挥自律机制在会计职业道德建设中的促进作用。

在日常会计工作中，经常发生一些虽然没有触犯法律，但却违反了会计职业道德要求的行为。在会计行业自律组织比较健全的情况下，可以由职业团体通过自律性监督，对发现的违反会计职业道德规范的行为进行相应的惩罚，根据情节轻重采取通报批评、罚款、取消其会员资格、警告、退回向客户收取的费用、参加后续教育等方式。

近些年来，我国通过会计行业组织强化自律管理和行业惩戒也已取得了一定进展。中国注册会计师协会作为注册会计师行业自律组织，为提高我国注册会计师职业道德水平作出了积极努力，先后发布了《中国注册会计师职业道德基本准则》《中国注册会计师职业道德规范指导意见》《注册会计师、注册资产评估师行业诚信建设实施纲要》等道德准则。同时还应研究建立调查委员会、技术鉴定委员会、惩戒委员会等行业自律性决策组织。

（三）社会各界齐抓共管

各部门、行业、会计职业组织和社会各界应积极行动起来，共同把会计职业道德建设搞好。

1．单位负责人必须重视和加强本单位会计人员的职业道德建设

会计人员职业道德表现好与差，其所在单位是最直接的受益者或受害者。

（1）在任用会计人员时，应当检查其会计专业能力、职业记录和诚信档案，选择业务素质高、职业道德好、无不良记录的会计人员从事会计工作。

（2）在日常工作中，应注意开展对会计人员的道德和纪律教育，并加强检查，督促会计人员诚实守信、坚持原则。

（3）在制度建设上，要重视内部控制制度建设，完善内部约束机制，有效防范舞弊和经营风险。

（4）单位负责人要做遵纪守法的表率，支持会计人员依法开展工作。

2．各有关部门和机构要重视会计职业道德建设

要根据会计职业道德规范要求，结合本系统、本行业（单位）的特点，有针对性地制定具体的职业道德规范，开展多种形式的宣传教育，抓好督促落实。

3．各新闻媒体要加强社会舆论监督，形成良好的社会氛围

良好的会计职业道德风尚地树立，离不开社会舆论的支持和监督。社会舆论代表了广大群众的意志、情感和价值取向，能给会计人员以某种荣誉感或耻辱感。我们要以新闻媒体为阵地，广泛开展会计职业道德的宣传教育，使社会各界了解会计职业道德规范的内容，促进良好的会计职业道德风尚深入人心，形成良好的会计职业道德环境和氛围。

舆论监督是最重要的社会监督，它能涉及一般监督达不到的空白地带和“死角”，是最行之有效、成本最低廉的社会监督，具有强大的监督功能。我们可以利用互联网、电视、报刊等媒体，正确把握舆论导向，发挥舆论监督的作用，宣传正面典型，批判丑恶行为，培育揭露、抨击会计造假行为的社会力量，为我国会计职业道德体系的建设营造有利的社会环境。

思考与练习

一、单项选择题

1．会计职业道德是调整（　　）的行为准则和规范。

A．调整会计职业关系

B．调整会计职业中的权利义务关系

C．调整企业人事关系

D．调整劳资的关系

2．（　　）是做人的基本准则，是公民道德规范的主要内容，也是会计职业道德的精髓。

A．爱岗敬业　　B．诚实守信　　C．强化服务　　D．奉献社会

3．职业道德中的最高境界是（　　）。

A．强化服务　　B．诚实守信　　C．公正客观　　D．奉献社会

4．“做老实人，说老实话，办老实事，不搞虚假”体现的是会计职业道德规范中的（　　）。

A．参与管理　　B．诚实守信

C．客观公正　　D．提高技能

5．对会计职业道德进行自律管理与约束的机构是（　　）。

A．财政部门　　B．会计职业组织

C．工商行政管理部门　　D．其他组织

6．会计职业道德对会计人员具有教育和感化的功能是（　　）。

A．评价功能　　B．指导功能

C．教化功能　　D．规范功能

7．会计职业道德的内在要求和会计职业声誉的“试金石”是（　　）。

A．诚实守信　　B．廉洁自律

C．奉献社会　　D．强化服务

8．“理万金分文不沾”体现的会计职业道德是（　　）。

A．参与管理　　B．廉洁自律

C．提高技能　　D．强化服务

9．某公司未为员工足额缴纳社保，社保局委托会计师事务所来查。为躲此一劫，公司决定向事务所的有关人员支付好处费 10 万元。公司人事部持公司董事长的批示到财务部领取该笔款项。财务部经理王某认为该项支出不符合有关规定，但考虑到公司主要领导已做了批示，遂同意拨付款项。下列对王某做法认定中正确的是（　　）。

A．王某违反了爱岗敬业的会计职业道德要求

B．王某违反了参与管理的会计职业道德要求

C．王某违反了客观公正的会计职业道德要求

D．王某违反了坚持准则的会计职业道德要求

10．在我国会计职业道德规范中，要求会计人员在处理业务的过程中严格按照会计法律制度办事，不为主观或他人意志左右的是（　　）。

A．诚信为本　　B．保守秘密

C．坚持准则　　D．客观公正

11．会计职业道德的调整对象是（　　）。

A．调整会计职业关系　　B．调整会计职业中的经济利益关系

C．调整会计人员之间的关系　　D．调整活动之间的关系

12．会计职业道德教育的各种途径中，具有基础性地位的是（　　）。

A．会计继续教育　　B．会计学历教育

C．会计自我教育　　D．会计职业荣誉教育

13．下列关于会计职业道德与会计法律制度联系的说法中，表述不正确的是（　　）。

A．两者在内容上相互渗透、相互重叠

B．两者在地位上相互转化、相互吸收

C．两者在作用上相互补充

D．两者在形式上都是具体的和成文的

14．下列各项关于会计职业道德和会计法律制度两者区别的论述中，表述正确的是（　　）。

A．会计法律制度具有很强的他律性，会计职业道德具有很强的自律性

B．会计法律制度调整会计人员的外在行为和结果，会计职业道德只调整会计人员的内心

C．会计法律制度有成文规定，会计职业道德无具体的表现形式

D．违反会计法律制度可能会受到法律制裁，违反会计职业道德只会受到道德谴责

15．下列各项会计职业道德规范中，要求会计人员树立服务意识，提高服务质量，努力维护和提升会计职业的良好社会形象的是（　　）。

A．爱岗敬业　　B．客观公正　　C．提高技能　　D．强化服务

16．会计人员在工作中应主动就单位经营管理中存在的问题提出合理化建议，协助领导决策，这是会计职业道德中的（　　）所要求的。

A．强化服务　　B．客观公正　　C．参与管理　　D．廉洁自律

17．“活到老，学到老”反映了（　　）会计职业道德内容要求。

A．提高技能　　B．廉洁自律　　C．诚实守信　　D．客观公正

18．“制度大于天，人情薄如烟”这句话体现的会计职业道德内容要求是（　　）。

A．参与管理　　B．提高技能　　C．坚持准则　　D．强化服务

19．会计人员从原始资料的取得、凭证的管理、账簿的登记、报表的编制，到经济活动的分析，都要做到实事求是、如实反映。这体现的是（　　）。

A．坚持准则　　B．客观公正　　C．诚实守信　　D．廉洁自律

20．会计职业道德的精髓是（　　）。

A．诚实守信　　B．提高技能　　C．服务群众　　D．奉献社会

二、多项选择题

1．会计职业道德的基本功能有（　　）。

A．教化功能　　B．评价功能　　C．规范功能　　D．指导功能

2．会计人员因职业特点经常会接触到单位和客户的秘密，单位会计人员泄露本单位的商业秘密，将可能导致的后果有（　　）。

A．有损于单位的经济利益　　B．导致不良的法律后果

C．有损于自身声誉　　D．损害会计行业声誉

3．以下关于会计职业道德的描述中，表述不正确的有（　　）。

A．会计职业道德涵盖了人与人、人与社会的关系

B．会计职业道德与会计法律制度两者在作用范围上一样

C．会计职业道德规范的内容有廉洁自律与坚持准则

D．会计职业道德只调整会计人员的精神世界

4．下列各项中，体现会计职业道德关于“爱岗敬业”规范基本要求的有（　　）。

A．忠于职守　B．尽职尽责　C．严肃认真　D．一丝不苟

5．会计职业道德教育是指根据会计工作的特点，（　　）地对会计人员施加系统的会计道德教育影响，促进会计人员形成会计职业道德品质，履行会计职业道德义务的活动。

A．有目的　B．有组织　C．有方针　D．有计划

6．对违反会计职业道德规范的人员应当给予必要的道德制裁，其制裁形式主要有（　　）。

A．追究刑事责任　　B．给予行政处分

C．通报批评　　D．责令其参加继续教育

7．会计职业道德建设的组织与实施应依靠（　　）。

A．财政部门的组织推动　　B．会计行业的自律

C．社会各界的监督与配合　　D．企事业单位的内部监督

8．下列各项中，体现会计职业道德“诚实守信”基本要求的有（　　）。

A．实事求是，如实反映

B．做老实人，说老实话，办老实事，不搞虚假

C．保守秘密，不为利益所诱惑

D．执业谨慎，信誉至上

9．下列各项中，体现会计职业道德“客观公正”要求的有（　　）。

A．依法办事　　B．保持独立性

C．实事求是，如实反映　　D．实事求是，不偏不倚

10．“坚持准则”要求会计人员在处理业务的过程中，严格按会计法律制度办事，不为主观或他人意志所左右。这里的“准则”包括（　　）。

A．会计法律　　B．会计行政法规

C．国家统一的会计制度　　D．会计准则

11．下列各项中，符合会计职业道德规范中“参与管理”基本要求的有（　　）。

A．主动向单位管理层提出合理化建议

B．确保会计信息的真实、完整

C．成为决策层的参谋助手

D．对计划、预算的执行，利用会计工作的优势积极协助，参与监控，为改善单位内部管理、提高经济效益服务

12．下列各项中，与其他职业道德相比，体现会计职业道德特有特征的有（　　）。

A．执业人员自身必须廉洁　　B．具有一定的强制性

C．具有一定的自律性　　D．较多关注公众利益

13．下列关于会计职业道德的说法中，表述正确的有（　　）。

A．会计职业道德是调整会计职业活动中各种利益关系的手段

B．会计职业道德具有相对稳定性

C．会计职业道德具有广泛的社会性

D．会计职业道德具有一定的强制性

14．会计职业道德与会计法律制度的主要区别有（　　）。

A．实施保障机制不同　　B．表现形式不同

C．作用范围不同　　D．性质不同

15．下列情形中，既违反会计法律制度，又违背会计职业道德规范的有（　　）。

A．出纳人员小吴利用职务之便挪用公款炒股

B．会计人员小张平时喜欢喝酒应酬，不爱学习钻研会计工作

C．会计机构负责人胡某按照单位领导授意，销毁有效期内的会计档案

D．会计人员小李上班经常迟到，工作拖沓敷衍

16．根据职业道德品德形成和发展规律的要求，以及优秀人物成长的经验，进行会计职业道德修养，应综合运用的具体方法包括（　　）。

A．不断地进行“内省”　　B．虚心向先进人物学习

C．要互相监督、指导　　D．要提倡“慎独”

17．会计职业道德修养的环节包括（　　）。

A．形成正确的会计职业道德认知　　B．培养高尚的会计职业道德情感

C．树立坚定的会计职业道德信念　　D．养成良好的会计职业道德行为

18．“参与管理”的基本要求有（　　）。

A．要有不断提高会计专业技能的意识和愿望

B．努力钻研业务，熟悉财经法规和相关制度，提高业务技能，为参与管理打下基础

C．要有勤学苦练的精神和科学的学习方法

D．熟悉服务对象的经营活动和业务流程，使参与管理的决策更具有针对性和有效性

19．下列行为中，违反注册会计师职业道德规范的有关保密要求的有（　　）。

A．注册会计师李某取得客户授权对外披露该客户的有关信息

B．注册会计师王某在其所在事务所与甲客户的业务约定终止后，将其执行中获知的甲客户的信息告知他人

C．注册会计师赵某向主管财政部门报告所发现的乙公司的违法违规行为

D．注册会计师程某在审计某上市公司期间获知该上市公司财务状况良好，股票有望升值，随即告知其妻大量买进该公司股票

20．小王是某代理记账公司提供专业服务的会计人员，其在下列为客户提供的服务中，违背会计职业道德要求的做法有（　　）。

A．向委托单位提出改进内部会计控制建议

B．利用专业知识向委托单位提出逃税建议

C．向委托单位提出合理降低成本建议

D．为帮助委托单位负责人完成年度业绩，提出将固定资产折旧和银行借款利息挂账处理建议

三、判断题

1．在会计工作中一定要强化服务意识，提高服务质量，不管公司领导提供什么样的要求，会计人员都要尽全力满足其需要。（　　）

2．爱岗敬业是会计人员在职业活动中做到客观公正、坚持准则的基础，是参与管理的前提。（　　）

3．由于若干个单位利益就构成社会的整体利益，所以考虑了单位利益就是考虑了社会公共利益。因此当单位利益与社会公共利益发生冲突时，会计人员应首先考虑单位利益，然后再考虑社会公众利益。（　　）

4．会计职业道德是会计人员在会计职业活动中应当遵循的调整会计职业关系的行为准则和规范。（　　）

5．会计法律制度是促进会计职业道德形成和遵守的重要保障。（　　）

6．财政部门是会计工作的主管部门，应负起组织和推动本地区会计职业道德建设的责任。（　　）

7．会计人员违反职业道德规范，情节严重的，可以追究刑事责任。（　　）

8．会计职业组织起着联系会员与政府的桥梁作用，应充分发挥协会等会计职业组织的作用，改革和完善会计职业组织自律机制，有效发挥自律机制在会计职业道德建设中的促进作用。（　　）

9．对认真执行《中华人民共和国会计法》，忠于职守，坚持原则，做出显著成绩的会计人员，应给予精神的或者物质的奖励。（　　）

10. 会计职业道德是以会计人员享有的权利和义务为标准来判定其行为是否违背职业道德。 （ ）

11. 会计人员不需要参与管理。 （ ）

12. 会计学历教育是会计职业道德教育的重要途径。 （ ）

13. 会计人员“强化服务、奉献社会”的要求是会计职业道德的出发点和归宿。 （ ）

14. 会计工作是一门专业性和技术性很强的工作，从业人员必须“具备一定的会计专业知识和技能”，才能胜任会计工作。 （ ）

15. 对于会计职业和会计工作而言，客观的其中一个特性是“真实性”，即会计核算要准确，记录要可靠，凭证要合法。 （ ）

16. 守信就是指言行跟内心思想一致，不弄虚作假、不欺上瞒下，做老实人、说老实话、办老实事。 （ ）

17. 会计职业道德与会计法律制度两者有着共同的目标和相同的调整对象。 （ ）

18. 会计人员应言行一致，实事求是，正确核算，尽量减少和避免各种失误，当账目出现错误时，不惜伪造账目，弄虚作假，也要保证单位的利益。 （ ）

19. 作为单位的会计人员，只需要客观真实地记录反映服务主体的经济活动状况，对于单位的财产安全不在其职责范围内。 （ ）

20. 对一些损失浪费、违法乱纪的行为和一切不合法、不合理的业务开支，要严肃认真地对待，把好关，守好口。这体现了会计职业道德规范中的坚持准则。 （ ）

四、案例分析题（不定项选择）

1. 某电脑公司会计小周因为工作努力，钻研业务，经常提出合理化建议，而多次被公司评为先进会计工作者。小周的丈夫在另一家电子企业担任总经理，在他的多次请求下，小周将在工作中接触到的产品研发计划及相关会计资料复印件提供给他，给公司造成了一定的损失，但尚未构成犯罪。该电脑公司认为她不宜继续担任会计工作。

根据上述资料，回答下列问题：

（1）小周工作努力，钻研业务，经常提出合理化建议，体现了她具有（ ）的职业道德。

A. 爱岗敬业　　B. 客观公正

C. 提高技能　　D. 参与管理

（2）小周将新产品的研发资料复印件给她的丈夫，给公司造成一定的损失，违背了（ ）的职业道德。

A. 坚持原则　　B. 诚实守信

C. 廉洁自律　　D. 强化服务

（3）对小周违反会计职业道德的行为，可由（　　）给予处罚。

A. 财政部门　　B. 会计职业团体

C. 小周所在电脑公司　　D. 公安机关

（4）对小周违反会计职业道德行为处罚的依据有（　　）。

A.《中华人民共和国会计法》　　B.《中华人民共和国刑法》

C.《会计基础工作规范》　　D.《中国注册会计师职业道德守则》

（5）对小周的行为可以给予的行政处罚有（　　）。

A. 拘留　　B. 撤职

C. 罚款　　D. 5 年内不得从事会计工作

2. 贵阳某集团会计人员甲、乙、丙、丁对会计职业道德的概念、会计职业道德与会计法律制度的关系、会计职业道德规范的内容、会计职业道德教育及组织实施等问题进行了激烈的讨论。具体讨论内容如下：

（1）关于会计职业道德的概念，表述正确的有（　　）。

A. 甲认为，会计职业道德是会计人员在社会交往和公共生活中应当遵循的行为准则

B. 乙认为，会计职业道德是体现会计职业特征，调整会计职业关系的职业行为准则和规范

C. 丙认为，会计职业道德是会计人员在会计职业活动中应遵循的行为准则

D. 丁认为，会计职业道德涵盖了人与人、人与社会、人与自然之间的关系

（2）关于会计职业道德与会计法律制度的关系，表述不正确的是（　　）。

A. 甲认为，两者在性质、实现形式上都不一样

B. 乙认为，两者在性质、实现形式上都一样

C. 丙认为，两者在性质上一样、实现形式上不一样

D. 丁认为，两者在性质上不一样、实现形式上一样

（3）关于会计职业道德规范的内容，表述正确的是（　　）。

A. 甲认为，会计人员应该热爱本职工作、尽职尽责

B. 乙认为，会计职业是一项特殊的职业，整天与钱打交道，如果爱贪财，就容易走上犯罪道路。所以会计人员必须做到“常在河边走，就是不湿鞋”的境界

C. 丙认为，会计人员的根本任务就是强化服务，应无条件服从领导，贯彻领导的意图

D. 丁认为，会计人员在办理业务时应当依法办理

（4）关于会计职业道德的教育，表述正确的是（　　）。

A．甲认为，会计职业道德教育的途径包括会计学历教育、会计人员继续教育、会计人员自我修养与教育

B．乙认为，会计职业道德教育需要内外结合

C．丙认为，会计职业道德教育的唯一途径是依靠学历教育，只有这样才能培养会计职业道德的观念，强化会计职业道德情操

D．丁认为，会计职业道德教育不能片面强调学历教育，无视或忽视会计人员继续教育和自我教育及修养

（5）关于会计职业道德组织实施，在对违反《会计法》的行为，表述正确的有（　　）。

A．甲认为，根据违反的情况给予相应的处罚

B．乙认为，相关责任人 5 年内不得从事会计工作

C．丙认为，应指定相关人员参加一定学时的继续教育

D．丁认为，应对相关人员在会计行业范围内通报批评